本书受中南财经政法大学出版基金资助

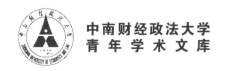

中南财经政法大学
青年学术文库

家庭部门债务变动对经济增长和
金融稳定的影响研究

袁歌骋 著

长江出版传媒 | 湖北人民出版社

图书在版编目（CIP）数据

家庭部门债务变动对经济增长和金融稳定的影响研究 / 袁歌骋著. — 武汉：湖北人民出版社，2022.11

ISBN 978-7-216-10507-1

Ⅰ.①家… Ⅱ.①袁… Ⅲ.①家庭收入—影响—中国经济—经济增长—研究②家庭收入—影响—金融市场—研究—中国 Ⅳ.①F124.1②F832.5

中国版本图书馆CIP数据核字（2022）第184413号

责任编辑：陈　兰
封面设计：刘舒扬
责任校对：范承勇
责任印制：肖迎军

出版发行：湖北人民出版社	地址：武汉市雄楚大道268号	
印刷：武汉市籍缘印刷厂	邮编：430070	
开本：787毫米×1092毫米　1/16	印张：11.25	
字数：163千字	插页：3	
版次：2022年11月第1版	印次：2022年11月第1次印刷	
书号：ISBN 978-7-216-10507-1	定价：45.00元	

本社网址：http://www.hbpp.com.cn
本社旗舰店：http://hbrmcbs.tmall.com
读者服务部电话：027-87679656
投诉举报电话：027-87679757
（图书如出现印装质量问题，由本社负责调换）

目　　录

第1章 导论

1.1 研究背景及意义

在经历了三十余年高速发展后,中国进入"增长速度换挡期、结构调整阵痛期、前期刺激政策消化期"三期叠加的以质量效率型集约增长为主要目的的新常态时期。为了应对经济发展动力转换过程中面临的新老矛盾交织,防控金融系统性风险,中国自 2016 年开始实施去杠杆政策,引导资金资源合理配置、让金融回归服务实体经济的本质。随着去杠杆政策不断推进,各经济部门杠杆水平稳步下降,去杠杆政策初见成效。然而,随着我国经济增长下行压力的进一步加大,总体上应转向稳杠杆,分部门、分债务类型提出不同的控杠杆要求,改善经济结构性问题,实现中国经济稳中求进的目标。因此,自 2018 年 4 月中央财经委员会提出去杠杆政策应以结构性去杠杆为基本思路后,我国去杠杆政策由关注总量转变为关注结构性问题。

现阶段,对于中国政府部门和非金融企业部门债务的处置方式已经基本达成了共识,地方政府和企业特别是国有企业要尽快降低杠杆水平,但对于中国家庭部门债务水平应当如何处置、家庭部门债务水平是高还是低、家庭部门应当进一步加杠杆还是去杠杆的讨论仍存在较大的分歧。

　　一部分学者认为,相较于主要经济体家庭部门杠杆水平而言(家庭部门债务/GDP 均值约为 73.2%),中国现阶段家庭部门债务/GDP 水平较低(约 55.5%)[①],因此仍存在进一步加杠杆的空间。一方面,在当前地方政府、非金融企业部门去杠杆的进程中,如果家庭部门可以适当增加债务水平,将有利于刺激消费、振兴经济,抵消其他部门去杠杆对经济的负面冲击。另一方面,家庭部门适当增加债务水平也有助于降低中国家庭部门储蓄率,改善中国家庭储蓄过高的现状,进而有利于调整中国的经济和消费结构(刘喜和等,2017;张晓晶等,2018)。

　　但是,也有学者认为,现阶段中国家庭部门债务水平已经过高,进一步加杠杆将可能导致系统性金融风险。一方面,虽然中国家庭部门债务/GDP 水平低于发达国家均值,但却高于发展中国家均值水平(约为 45.5%)。由于中国是发展中国家,因此以发达国家家庭部门债务水平标准衡量中国家庭部门债务水平高低的合理性值得商榷。另一方面,家庭部门债务水平的高低不仅与杠杆水平的绝对值相关,也与家庭部门债务的扩张速度以及家庭部门内部债务分布结构相关。现阶段,中国家庭部门债务水平上涨速度过快,与之相对的,家庭收入水平的增长动力却略显不足。当家庭收入增速无法匹配债务扩张速度时,会导致家庭偿债能力下降,挤出消费支出,引起其他经济部门的连锁反应。此外,中国家庭部门债务结构复杂,其中还款期限短、借款利率高的债务类型增速加快,同时各省市家庭债务水平区域不平衡的问题日益凸显,这会导致局部发生金融系统性风险的可能性加大(潘敏和荆阳,2018;田国强等,2018)。

　　上述两种观点代表了两种不同的政策含义,家庭部门加杠杆和去杠杆均有利有弊,两种政策思路对中国未来经济发展可能存在截然相反的作用效果,因此对如何处置中国家庭部门债务问题的回答至关重要。为了回答上述问题,首先需要理解家庭部门债务快速扩张以及家

---

① 以国际清算银行(BIS)公布的 2019 年数据为例。

庭部门去杠杆进程对未来经济发展和金融体系的影响,通过权衡现阶段家庭部门加杠杆和去杠杆行为对经济、金融体系的积极作用和消极影响,才能采取针对性的措施,避免进一步加剧系统性风险,同时推动经济平稳发展。

事实上,自 Fisher(1932,1933)提出债务—通货紧缩理论以来,包含家庭部门在内的各经济部门债务水平变动与宏观经济周期变化之间的关联就成为现代货币经济学领域关注的核心问题之一。由次级抵押贷款(家庭部门债务的重要组成部分)引发的 2008 年美国金融危机发生后,家庭部门债务快速扩张以及之后的去杠杆进程对一国经济、金融体系可能产生的影响成为学术界关注的重点问题之一。Mian et al.(2017)发现,家庭部门债务快速扩张会导致未来经济衰退。Jordà et al.(2016)采用 17 个发达国家样本发现抵押贷款占 GDP 比重与非抵押贷款占 GDP 比重过高均会导致一国发生金融危机的概率增加,同时发现抵押贷款过度扩张会进一步加剧金融危机发生后经济衰退的严重程度。当家庭部门进入去杠杆进程时,会明显抑制家庭消费支出,导致产出水平下降(Midrigan 和 Philippon,2011;McCarthy 和 McQuinn,2017)。同时,家庭违约行为增加,会影响金融资产、房地产估值,加剧金融不稳定程度(Glick 和 Lansing,2010;Bouis et al.,2013)。

虽然现有研究在一定程度上揭示了家庭部门债务变动对经济增长和金融稳定的影响,但基于国际经验中家庭部门债务变动后经济发展、金融风险的变化事实来看,现有研究可能忽略了家庭部门债务变动对经济增长和金融稳定的影响存在异质性。

从国际经验来看,各国家庭部门债务变动的经济金融效应是存在差异的。首先,由国际资本大幅流入引起的债务扩张更可能引起经济体特别是新兴经济体经济动荡,例如 1994 年墨西哥金融危机、1997 年亚洲金融危机以及 1998 年俄罗斯金融危机均是由于国际资本"大进大出"引发的。2008 年金融危机后,由于美国等主要发达国家实施量化宽松政策,导致国际资本大量流入新兴经济体,推动新兴经济体家庭部门债务扩张,最终导致这些国家在其后经历了更明显的经济衰退。而与之不同,由生产率水平提高引起的家庭部门债务扩张可能不会对未来宏观经济金融产生明显的负面影响。20 世纪 60 年代,韩国开始优化自身产业结构、大力提升创新水平,伴随着生产率水平的不断提高,韩国的家庭部门债务水平也出现了明显的上涨趋势。1966 年韩国家庭部门债务水平仅为 3.32%,而 1990 年则高达 40.79%。高速增长的家庭债务并未对韩国经济产生明显的不良影响[①],在此期间,韩国经济一直保持高速增长,创造了"汉江奇迹"。上述国家的经验事实是否意味着不同因素引起的家庭部门债务变动的经济金融效应可能存在差异性? 事实上,不同因素驱动的家庭部门债务变动对于经济发展、金融稳定的意义可能是不同的。比如家庭部门可支配收入的增加、社会保障体系的完善会使家庭更偏好当期消费,从而提高家庭债务水平,经济部门自发达到新的均衡,并不意味着会对未来经济发展产生负面影响。而过于宽松的信贷环境推动的家庭部门债务扩张,则更可能催生资产价格泡沫,从而加剧金融系统性风险。同时,家庭部门债务水平变动可能源于影响家庭部门资金供给的因素发生变化,也可能是因为影响家庭资金需求的因素发生变动。基于资金供给和资金需求驱动的家庭债务变化往往反映了家庭面临的经济环境和行为动机的不同,对经济的影响渠道以及应当采取的应对措施均存在差异,因此有必要分别考察影响家庭债务变化的资金供给方驱动因素变动和资金需求方驱动因素变化对家庭部门债务变动经济增长和金融稳定效应的影响。

其次,除了不同原因导致的家庭部门债务变动经济金融效应可能存在差异外,经济体自身特征的差异也可能导致家庭部门债务变动对经济增长和金融稳定的影响出现异质性。从前述经济事实可以看出,发达经济体平均家庭债务水平(73.2%)远高于发展中经济体平均家庭

---

① 这一过程一直持续到 1997 年亚洲金融危机,危机的发生与 20 世纪 90 年代国际资本流动性加强存在较大关联。

债务水平(45.5％),此外,笔者还发现发达经济体家庭平均债务扩张幅度(4.4％)也明显高于发展中经济体家庭部门债务扩张幅度(2.8％)①。这是否意味着处于不同经济发展阶段的经济体家庭部门合理的债务水平和债务扩张速度可能存在区别? 那么,国际经验中家庭部门债务变动经济金融效应的异质性,除了可能是引起家庭债务变动的不同因素导致的,是否也可能是因为经济体所处的经济发展阶段存在差异导致的? 因此,有必要进一步考察处于不同经济发展阶段的经济体家庭部门债务变动对经济增长和金融稳定的影响是否存在异质性。

再次,从经济体特征来看,除了处于不同经济发展阶段的经济体家庭部门债务变动导致经济金融效应可能存在差异外,处于相似发展阶段的经济体家庭部门债务变动对经济增长和金融稳定的影响也存在明显的异质性。2008 年全球金融危机导致资产价格泡沫破灭后,包括西班牙家庭部门在内的各经济部门均经历了长期的去杠杆过程。同样的,20 世纪 80 年代末,芬兰家庭部门和非金融企业部门也因信贷泡沫的破灭进入了去杠杆进程,对经济造成了冲击。西班牙去杠杆的过程长达九年,给西班牙的经济增长和稳定带来了长期持续性的负面影响。与之相对的,芬兰迅速恢复经济增长,并较好地控制了债务水平。导致西班牙经济复苏缓慢的一个重要原因在于其属于欧元区成员国之一,货币政策缺乏独立性,只能依靠欧洲央行提供流动性支持。而芬兰除了采用及时向银行提供流动性、存款保证等方式帮助稳定金融体系对冲欧洲货币危机的冲击外,还采取了自由浮动的汇率制度②,从而不受德国提高名义利率的货币政策影响,能够实施较为宽松的货币政策帮助刺激去杠杆时期经济主体的消费、投资行为,带动经济迅速复苏。那

---

① 采用本书第三章家庭部门债务/GDP $t-4$ 期到 $t-1$ 期的变化幅度进行测算。
② 1992 年之前芬兰采用的是盯住汇率制度,1992 年由于经济衰退和"双赤字"问题,芬兰退出盯住制度,转向自由浮动的汇率制度。

么上述经济事实是否表明,影响一国货币政策独立性的制度因素的差异也会导致家庭部门债务变动的经济金融效应出现区别?

最后,现有微观层面的研究表明,家庭个体特征会影响家庭行为。姜正和与张典(2015)发现家庭债务水平变动对家庭消费的作用效果受家庭风险偏好的影响,有关住房负债的增加会削弱风险厌恶型家庭的消费水平,但是会刺激风险偏好型家庭的消费水平。潘敏与刘知琪(2018)发现,家庭加杠杆对消费支出的影响在城镇居民家庭和农村居民家庭间存在明显差异。吴卫星等(2018)的研究表明,金融素养、户主年龄等家庭特征会影响家庭选择风险投资组合的效率。家庭部门债务变动主要通过家庭消费、储蓄、投资等行为影响宏观经济,那么除了宏观层面的制度因素外,经济体家庭部门特征差异是否也会导致家庭部门债务变动对经济增长和金融稳定的影响出现异质性?亚洲金融危机后,包含家庭部门在内的各经济部门去杠杆对日本经济存在持续性的负面影响,是 20 多年来日本经济长期低迷的重要原因之一。[①] 而美国在 2008 年次贷危机发生后,虽然也进入了去杠杆进程,但在经历了短暂的经济衰退后,经济迅速复苏,并成为发达经济体中最先退出非常规货币政策的国家。除了宏观层面的特征差异外(例如金融结构等),日本和美国家庭部门的金融决策能力、参与倾向明显不同。由于日本是以间接金融为主的国家,与美国家庭相比,日本家庭参与资本市场的程度相对有限,因此金融知识认知相对不足[②],家庭金融素养水平相对较低。那么,这是否意味着经济体家庭部门金融素养特征的区别也可能导致家庭部门债务变动的经济金融效应出现差异呢?

基于上述问题意识,本书拟在梳理家庭部门债务变动相关研究并

---

① 20 世纪 90 年代以来,日本经济持续低迷的原因纷繁复杂,人口老龄化、经济结构改革缓慢、财政赤字严重、货币政策不一致性等均是其重要原因。

② 日本具有基本金融常识的人群比例约为美国具有基本金融常识人群比例的 75%。

结合各国历史经验的基础上,重点探究家庭部门债务变动的驱动因素和经济体特征(经济发展阶段、宏观制度因素以及家庭部门特征)是否会影响家庭部门债务变动对经济增长和金融稳定的作用效果。研究此问题,有助于揭示家庭部门债务变动对宏观经济金融影响的异质性,更客观、全面地分析家庭部门债务扩张和家庭部门去杠杆对经济增长、金融稳定的影响,有利于各国政府从中借鉴经验,更好应对家庭部门债务变动问题。

1.2　研究思路与内容安排

1.2.1　研究思路

本书基于国际历史经验中各经济体家庭部门债务扩张后的经济、金融表现以及家庭部门去杠杆对经济增长和金融稳定的影响存在差异这一客观事实,从影响家庭部门债务变动的因素以及经济体特征两个方面,采用跨国实证分析,深入研究了家庭部门债务变动对经济增长和金融稳定影响可能存在的异质性。

首先,本书在梳理现有家庭部门债务变动宏观经济、金融效应研究的基础上,以全球 135 个国家和地区 1960 年至 2016 年的非平衡面板数据为样本,实证检验了家庭部门债务快速扩张对经济增长和金融稳定的影响。在此基础上,立足于发达经济体和发展中经济体家庭部门债务水平、扩张幅度均存在明显区别这一事实,考察了处于不同经济发展阶段的经济体家庭部门债务扩张对经济增长和金融稳定的影响是否存在差异。

其次,基于国际经验中不同因素驱动的家庭部门债务扩张后经济、金融表现存在明显差异这一事实,同时考虑到基于资金供给和资金需求驱动的家庭债务变化往往反映了家庭面临的经济环境和行为动机的不同,本书尝试分别考察影响家庭债务变化的资金供给方驱动因素和资金需求方驱动因素变动是否会导致家庭部门债务扩张对经济增长和金融稳定的影响出现异质性。

最后,考虑到主要经济体家庭部门债务高企,一些经济体家庭部门债务水平甚至接近金融危机发生前的历史峰值,家庭部门去杠杆不可避免,因此本书进一步通过构建家庭部门去杠杆指标实证分析家庭部门去杠杆对经济增长和金融稳定短期内的影响,并基于国际经验中不同宏观制度因素和家庭部门特征下,家庭部门去杠杆经济金融效应存在差异的客观事实,探究了宏观制度因素和家庭金融素养对家庭部门去杠杆与经济增长和金融稳定关联的影响。

1.2.2　内容安排

根据上述研究思路,本书共包含七章内容,具体章节安排如下。

第 1 章是导论部分。本章主要从本书的研究背景出发引出本书的主要研究目的及研究意义,在此基础上,系统性阐述了本书的研究思路、各章节的具体安排和研究方法,总结了本书可能的创新点。

第 2 章是文献综述部分。本章在梳理家庭部门债务变动的影响因素以及家庭部门债务变动的宏观经济金融效应的相关研究的基础上,重点从以下方面对现有研究进行了整理:第一,分别从影响家庭部门债务变化的资金供给因素和资金需求因素两个方面总结了家庭部门债务水平变动的驱动因素;第二,在对金融周期和经济周期相关研究发展脉络进行梳理、总结的基础上,分别从家庭部门债务扩张对经济增长和金融稳定的影响、家庭部门去杠杆对经济增长和金融稳定的影响以及经济部门债务变动对经济增长和金融稳定影响的异质性三个方面对现有研究进行了总结;第三,对现有文献进行综合评述,点明现有研究中可以进一步完善的方向,凸显本书的学术价值。

第 3 章首先采用 135 个国家和地区 1960 年至 2016 年的非平衡面板数据探究了家庭部门债务扩张对一国经济增长和金融稳定的影响,在此基础上,基于发达经济体和发展中经济体家庭部门债务水平、扩张幅度均存在明显区别的事实,考察了处于不同经济发展阶段家庭部门债务扩张对经济增长和金融稳定的影响是否存在区别。本章的结论一方面从经济发展不同阶段的角度考察了家庭部门债务扩张经济金融效应的异质性,另一方面为之后章节的研究提供了基础。

第 4 章主要考察了影响家庭债务变动的资金供给方驱动因素的变动是否会导致家庭部门债务扩张对经济增长和金融稳定的影响出现异质性。本章首先从理论上分析了主要影响家庭债务变动的四个资金供给方驱动因素,国外资本流入、一国金融发展水平、货币政策宽松程度以及收入不平等程度的变动影响家庭部门债务扩张宏观经济金融效应的作用机制。在此基础上,利用固定效应模型和 Probit 模型实证分析了影响家庭债务变动的资金供给方驱动因素的变动对家庭部门债务扩张与经济增长和金融稳定之间关联的影响。

第 5 章主要考察了影响家庭债务变动的资金需求方驱动因素的变动是否会导致家庭部门债务扩张对经济增长和金融稳定的影响出现异质性。本章首先从理论上分析了主要影响家庭债务变动的三个资金需求方驱动因素,家庭收入水平、家庭投资和投机动机以及家庭对未来收入和经济发展预期不确定性的变化影响家庭部门债务扩张宏观经济金融效应的作用机制。在此基础上,采用跨国数据实证分析了以上因素的变动对家庭部门债务扩张与经济增长和金融稳定之间关联的影响。

本书的第 3 章至第 5 章主要是探究了家庭部门债务扩张对未来经济增长和金融稳定的影响以及影响的异质性,更关注事前家庭部门债务扩张时期。现阶段全球主要经济体家庭部门债务高企,一些经济体家庭部门债务水平甚至接近金融危机发生前的历史峰值,可以预期,对于一些国家而言,家庭部门去杠杆是未来不可避免的趋势。因此,有必要从家庭部门债务扩张后去杠杆的角度,进一步分析家庭部门去杠杆对宏观经济金融的影响。

基于上述目的,本书第 6 章研究重点为家庭部门去杠杆对经济增长和金融稳定的影响以及影响可能存在的异质性。本章首先从理论上分析了家庭部门去杠杆对经济增长、金融稳定的影响,以及经济体制度因素(汇率制度、资本账户开放程度)和家庭部门特征(家庭金融素养水平)的差异对家庭部门去杠杆与经济增长和金融稳定之间关联的影响。随后,利用跨国数据,参考金融去杠杆的相关研究,构建家庭部门去杠杆指标,实证检验家庭部门去杠杆对经济增长和金融稳定的影响。在此基础上,进一步探究在不同的制度因素和不同的家庭部门特征下,家庭部门去杠杆对经济增长和金融稳定影响的异质性。本章为客观理解家庭部门去杠杆对宏观经济增长和金融稳定的影响提供了来自于跨国分析的经验证据,同时也为家庭部门去杠杆政策的制定提供了基于制度因素、家庭特征视角的新思路。

第 7 章是总结全书。在前述理论分析和实证检验的基础上,本章对家庭部门债务变动对经济增长和金融稳定的影响以及影响的异质性进行了总结,并针对相关研究结论,提出了切实可行的政策建议。在此基础上,总结了本书研究中的不足,并据此提出了未来研究的展望。

遵循上述研究内容,本书的章节内容安排如图 1-1 所示:

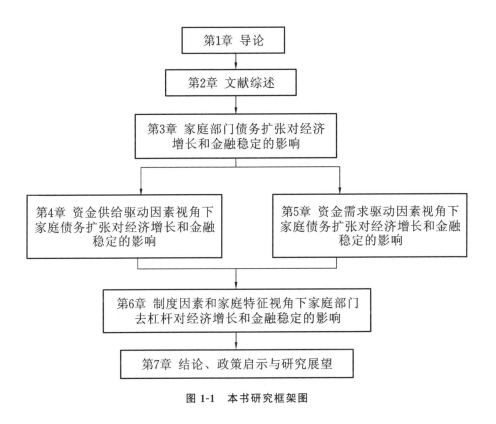

图 1-1　本书研究框架图

1.3　研究方法

本书主要采用理论逻辑分析与实证相结合的方法分析本书研究的问题。

（1）理论逻辑分析方法。从影响家庭部门债务变动的因素和经济体特征两个方面，探究家庭部门债务变动对经济增长和金融稳定影响异质性时，本书采用了理论逻辑分析方法，在现有研究的基础上，结合跨国经济现实，进行逻辑演绎和归纳分析，从理论上分析家庭部门债务变动因素、经济体特征的差异影响家庭部门债务变动宏观经济金融效应的作用机制。

（2）实证分析方法。在实证分析部分，本书针对不同的研究对象和研究目的，选取了不同的计量模型。首先采用向量自回归模型（VAR）揭示了家庭部门债务扩张与经济增长之间的动态关系，以此确定本研究核心解释变量家庭部门债务变动和被解释变量构建过程中期数的选择，减轻内生性问题。

随后，采用固定效应模型和 Probit 模型，结合调节效应的研究思路，利用包含交叉项的回归计量模型，考察家庭部门债务变化驱动因素的变动对家庭部门债务扩张经济增长和金融稳定效应影响的异质性。

最后，在采用 HP 滤波方法保留家庭部门债务变动的周期项，并根据该周期项以及周期项的标准差对比识别出家庭部门去杠杆区间，构建本书第 6 章的核心解释变量家庭部门去杠杆指标的基础上，利用广义矩估计方法（GMM）进行实证分析以消除研究家庭部门去杠杆对经济增长、金融稳定短期内影响时可能存在的内生性问题。

（3）比较研究方法。在实证分析中，将发达国家和发展中国家、汇率制度弹性较高和较低国家、资本账户开放程度较高和较低的国家、货币政策独立性较高和较低的国家、家庭部门金融素养水平较高和较低的国家进行对比分析，以研究在不同的经济发展阶段、国家制度和家庭部门特征下，家庭部门债务变动对经济增长和金融稳定的作用差异。

（4）规范分析方法。在理论分析和实证检验的基础上，本书对家庭部门债务变动对经济增长和金融稳定的影响以及影响的异质性进行了总结，并针对相关研究结论，提出了切实可行的政策建议。

1.4　主要创新点

本书在现有文献的基础上，从影响家庭部门债务变动的因素和经济体特征两个方面,采用跨国比较研究,探究了家庭部门债务变动对经济增长和金融稳定影响的异质性。本书可能的创新和贡献主要体现在以下三个方面:

第一,立足于发达经济体和发展中经济体家庭部门债务水平、扩张幅度均存在明显区别这一事实,在探究家庭部门债务扩张对未来经济增长和金融稳定影响的基础上,考察了处于不同经济发展阶段的经济体家庭部门债务扩张经济金融效应的异质性,丰富和拓展了现有家庭债务变化对宏观经济、金融稳定影响的研究。

第二,基于国际经验中不同因素驱动的家庭部门债务扩张后的经济、金融表现存在明显差异这一事实,同时考虑到基于资金供给和资金需求驱动的家庭债务变化往往反映了家庭面临的经济环境和行为动机的不同,分别考察了影响家庭债务变化的资金供给方驱动因素变动和资金需求方驱动因素变动对家庭部门债务扩张经济增长和金融稳定效应的影响,从家庭部门债务变动驱动因素的角度,拓展和深化了家庭部门债务扩张对经济增长和金融稳定影响的研究。

第三,立足于国际经验中家庭部门去杠杆进程中不同经济体经济增长和金融稳定表现存在差异这一事实,在构建家庭部门去杠杆指标实证检验家庭部门去杠杆对经济增长和金融稳定影响的基础上,进一步从经济体的宏观制度因素和家庭部门特征的角度,考察了家庭部门去杠杆对经济增长和金融稳定影响的异质性,为客观理解家庭部门去杠杆对宏观经济增长和金融稳定的影响提供了来自于跨国的经验证据,同时也为家庭部门去杠杆政策的制定提供了基于制度因素、家庭特征视角的新思路。

第 2 章　文献综述

本章在梳理影响家庭部门债务变动的因素以及家庭部门债务变动的宏观经济金融效应的相关研究的基础上，重点从以下方面对现有研究进行了整理。第一，分别从影响家庭部门债务变化的资金供给因素和资金需求因素总结了家庭部门债务水平变动的驱动因素。第二，在对金融周期和经济周期相关研究发展脉络进行梳理、总结的基础上，分别从家庭部门债务扩张对经济增长和金融稳定的影响、家庭部门去杠杆对经济增长和金融稳定的影响以及经济部门债务变动对经济增长和金融稳定影响的异质性三个方面对现有研究进行了总结。第三，对现有文献进行了综合评述。

2.1　家庭部门债务水平影响因素的研究综述

家庭部门债务水平和储蓄水平的变动一直是现代经济学关注的核心问题之一。一方面，家庭部门债务水平的变动会通过影响家庭需求作用于整体经济，另一方面，家庭部门的储蓄水平（与债务水平呈反向变动）又是企业等生产部门资金的重要来源之一。根据国民收入核算公式中储蓄—投资恒等式，在一定的假设条件下，国民收入中的储蓄等于投资，因此家庭部门的储蓄水平的变动与生产部门的投资水平密切相关。特别是 2008 年美国次贷危机的发生，被认为是以次级贷款为主要形式的家庭部门债务在金融危机前快速扩张导致,进一步引起了学者们对家庭部门债务问题的关注。研究家庭部门债务问题,首先需要了解家庭部门债务水平变动的驱动因素,特别是导致家庭部门债务水平不断攀升的影响因素。家庭部门债务水平变动可能源于影响家庭部门资金供给的因素发生了变化,也可能是因为影响家庭资金需求的因素发生了变动(Mian 和 Sufi,2018b)。基于资金供给和资金需求驱动的家庭债务变化往往反映了家庭面临的经济环境和行为动机的差异,因此,本部分也是基于影响家庭部门资金供给和影响家庭部门资金需求的两个视角来梳理影响家庭部门债务水平变动的主要驱动因素。

2.1.1　影响家庭债务变化的资金供给侧因素

从现有的研究来看,影响家庭部门资金供给的因素主要分为两大类:国外资本流入增加导致的资金供给水平增加以及国内宽松金融环境导致的资金供给增加。

第一,国外资本流入增加导致的一国资金供给增加,是家庭部门债务扩张的一个主要诱因。近年来,随着全球储蓄过剩(Global Saving Glut)现象日益凸显,多个主要经济体发生了明显的资本流入增加的现象。Bernanke(2005)认为 2000 年左右美国账户赤字逐渐扩大预示着全球储蓄过剩现象的加剧。富裕国家人口老龄化现象的加剧是全球储蓄过剩现象的重要驱动因素。一方面,相较于年轻人而言,老年人消费能力较低,更倾向进行保守性的储蓄活动,因此老年人人口比重的增加导致一国国内储蓄水平迅速上升。另一方面,由于人口老龄化现象的加剧导致国内资本—劳动比过高,过剩的资本无法在国内寻求合适的投资机会。当全球金融一体化进程逐步推进时,这些国家剩余的资本会向海外寻求投资机会,导致大量资本流入投资机会丰富的国家和地区,推动这些国家和地区资金供给水平增加。早在 Mckinnon 和 Pill(1997)

时期,就已经发现金融自由化将会导致一国债务变动程度加剧,这背后的原因就是大量国外资本流入、流出活动加剧了国内资金供给的变化。Brixiova et al.(2009)在分析爱沙尼亚2000年至2007年间家庭部门债务迅速扩张的原因时,发现其主要诱因是这段时间国外资本的大幅流入。Elekdag和Wu(2011)同样发现经济体的债务扩张通常与较大水平的资本流入现象息息相关。Gabar et al.(2018)在研究巴西近期家庭部门债务快速增加的原因时,发现其中国际资本流入的增加是主要的影响因素。此外,经验事实和相关研究发现大量国外资本流入引起的家庭部门债务扩张通常是值得警醒的。2008年金融危机后,美国实施宽松货币政策导致国际资本大量流入新兴经济体,推动新兴经济体家庭部门债务扩张,但此阶段的家庭部门扩张最终导致这些国家经历了不同程度的经济衰退。Jeanne和Korinek(2010)的研究认为,当一国信贷水平增加是由国外资本流入增加推动时,在遇到负面冲击时,该国遭受的经济衰退也会更加严重。这是因为国外资本流入在受到负面冲击时,更容易流出,引发大量资本外逃,因此他们建议实行反周期的资本管制。实施反周期的资本管制,一方面可以帮助减少繁荣时期的资本流入、减轻债务扩张幅度;另一方面也可以阻碍国外资本在受到负面冲击时大幅流出行为,减轻信贷紧缩程度,削弱负面冲击导致的危害。

第二,国内宽松金融环境也会导致家庭部门资金供给增加,从而推动家庭部门债务扩张。现有的研究主要从一国金融发展水平、货币政策宽松程度以及收入不平等程度三个方面进行了分析。

第一类文献认为一国金融发展,特别是金融产品与服务的创新是近年来家庭部门债务持续上涨的原因之一。金融发展水平的提高可以通过增加家庭部门获取资金的途径和可能性,降低家庭部门参与借贷的成本,从而使更多的家庭能够从正规金融机构获得信贷资源,增加债务水平。尹智超等(2015)发现家庭金融可得性的增加有助于抑制非正规借贷市场的资金供给,而增加正规金融渠道的资金供给。Cynamon和Fazzari(2008)认为银行等金融机构的金融创新行为可以增加家庭部门面临的资金供给。例如，20 世纪六七十年代，由于金融创新程度较低、普及程度有限，家庭利用抵押贷款重新融资的行为较为罕见。但随着 20 世纪 80 年代后期具有税收优惠性质的房屋净值贷款出现后，因为其便捷性和优惠性，使更多家庭能够从银行获取抵押再贷款。Rinaldi和 Arrellano(2006)发现当一国金融发展水平提高时，经济为了达到新的均衡，债务水平会相应增加。在陈雨露等(2014)、马勇等(2016)的研究中，采用一国私人部门信贷总额占 GDP 的比重作为金融杠杆的代理变量，主要也是因为一国债务水平受金融发展、金融深化的影响较大。Di Maggio 和 Kermani(2017)利用美国不同州银行金融监管程度构建的双重差分模型，探究金融监管对信贷供给的影响。研究发现银行监管的宽松(金融监管的放松往往会促进经济体金融发展水平的提高)是近年来信贷供应量增加的一个主要原因。但他们发现由于金融监管放松导致的信贷供给增加，会使更多高风险的借款人获得信贷资源，加剧信贷错配程度，因此在经济受到负面冲击时，银行面临的违约风险更大。Gabar et al.(2018)在研究巴西近期家庭债务的增长原因时，也发现巴西金融部门的改革是推动家庭债务水平上涨的主要影响因素。周利等(2021)发现互联网的发展通过增加金融可及性、提高信息搜寻能力与增强社会互动等渠道推动我国家庭债务水平上升。

　　第二类文献关注经济体国内实施宽松的货币政策对家庭部门债务水平的推动作用。宽松的货币政策增加了家庭部门面临的资金供给水平，使家庭部门更容易获取信贷资源。郭新华等(2016)提出，家庭部门债务水平的提高是基于经济发展、货币政策变化以及家庭自身消费观念变迁等多种因素共同作用的结果。Mian 和 Sufi(2018b)认为宽松的货币环境有助于推动家庭部门债务水平增加，他们发现家庭部门债务扩张时期往往伴随着实际利率的下降。Favilukis et al.(2017)认为虽然房地产价格和债务变动会相互影响，但房地产价格并非债务变动的初始影响因素，债务的增加是导致房地产价格上升的最早诱因。Sufi(2015)同样发现宽松的货币政策在推动家庭部门债务上升的过程中存在明显的异质性,但他的研究是以经济处于衰退期为研究前提。研究发现,在经济衰退期实施宽松的货币政策只能将额外的信贷分配给最不可能改变支出的家庭,这一类家庭通常负债累累或者拥有较低的信用评分。

第三类文献,更多关注了经济体家庭部门内部资金供给结构性变化对家庭部门债务水平的影响。家庭部门内部收入不平等程度的加剧可能通过增加低收入人群面临的资金供给推动家庭部门债务水平的增加。Kumhof et al.(2015)在动态随机一般均衡模型(DSGE)中加入了刻画高收入和低收入人群持有资产和持有债务的动机差异。他们认为高收入人群更倾向于持有更多的金融资产,积累财富,而并非增加消费。而低收入人群则更倾向于增加债务水平,以增加当期的消费。Kumhof et al.(2015)认为高收入人群的这种行为,相当于在家庭部门内部增加了低收入人群所面临的资金供给,推动低收入人群债务水平的增加。他们的观点与 Barnes 和 Young(2003)的研究结论保持一致,Barnes 和 Young(2003)发现当总体收入上升时,高收入家庭增加的收入往往转化为上升的储蓄水平,其更倾向于进行财富的再积累,而低收入家庭则更倾向于增加负债。同样的,Barba 和 Pivetti(2008)发现在收入不平等程度加剧、收入分配持续变动的时期,中低收入人群的债务与收入比、债务与资产价值比及需偿还债务的比例均存在显著上升,在所有人群中处于最高水平。此外,家庭部门内部收入不平等程度加剧也可能通过信贷需求影响家庭部门债务水平,这主要是出于家庭的攀比、维持社会地位等动机。

2.1.2 影响家庭债务变化的资金需求侧因素

从现有的研究来看,家庭部门资金需求增加推动的家庭部门债务水平上升主要与收入、攀比(维持社会地位)动机、投机投资动机以及家庭对未来收入和经济发展的预期四大类因素有关。

第一,家庭部门债务变动与家庭收入密切相关,家庭出于平滑消费的动机而选择承担债务。传统的家庭消费理论认为,由于个人(家庭)收入在整个生命周期中是不均等的,通常而言,年轻人的收入水平较低,但是却倾向于更多的消费。老年人资产积累充分,但是消费动机不足。因此,为了平滑个人(家庭)在整个生命周期内的消费水平以实现自身效用最大化,家庭有动机增加或者减少自身的债务水平,以达到平滑整个生命周期中消费水平、增加效用的目的。Barnes 和 Young(2003)通过建立一个世代交叠模型(Overlapping),分析了影响美国家庭债务水平变动的因素。他们发现生命周期平滑消费理论背后的原因是家庭存在消费—收入动机,从理论建模的角度揭示了收入是家庭部门债务水平变动的重要影响因素。陈斌开和李涛(2017)通过对我国家庭部门债务微观调查数据进行分析时发现,我国家庭债务与户主年龄呈现出明显的倒 U 形特征。户主年龄在 30 岁左右的家庭负债水平最高,这主要是因为此时期家庭的购房需求增加导致债务水平相应增加。随着户主年龄不断增加,收入水平呈现明显的上涨趋势,与之对应,债务水平也随之下降,符合传统的生命周期理论。祝伟和夏瑜擎(2018)也发现了这一现象,他们估算的家庭债务水平最高点出现在家庭户主年龄介于 30 岁至 32 岁之间。上述研究在一定程度上表明,基于平滑消费的负债动机与家庭收入密切相关,且两者应当呈现反向相关关系。但是,也存在一些研究认为家庭收入与债务水平之间存在更为复杂的关联。Ling 和 Gary(1998)发现当家庭住房的价值上升,家庭收入水平增加时,由于抵押品价值的增加,家庭会选择承担更高的债务水平。Crook(2001)也发现收入更高的家庭同时也存在着更高的信贷需求。吴卫星等(2013)的研究在一定程度上对上述现象做出了解释。他们认为这是因为在不同负债规模的家庭中,家庭收入对债务水平的影响可能存在异质性。在中小负债规模家庭中,家庭收入水平的变化并不会影响这类家庭的债务选择。但是在高债务规模的家庭中,随着家庭收入的增加,这类家庭的债务水平也出现明显的增加趋势。他们认为虽然中低收入家庭在理论上更容易产生借贷动机,但是由于银行放贷对抵押物价值和收入水平存在严格的规定,使这些家庭难以承担合意的债务水平(通常这些家庭已经表现出高债务特点)。因此,当这些家庭收入水平增加时,相当于增加了这类家庭的借贷能力,从而推动他们承担更多的债务。

第二,家庭可能出于与同阶层或邻居的攀比心理以及维持自身社会地位等动机而主动增加债务水平。事实上,家庭增加债务水平背后的这一心理动机并非是凭空出现的,该心理的产生与经济体收入不平等程度的加剧密切相关。与上文收入不平等程度对家庭部门内部资金供给的影响不同,此类文献是从家庭资金需求的角度阐释收入不平等对家庭债务的作用效果。Christen 和 Morgan(2005)发现美国的家庭部门债务与可支配收入比在 1980 年仅为 60%,而 2003 年却已高达104%。他们认为家庭部门债务急剧扩张背后的原因可能与这段时间美国社会收入不平等程度逐渐加剧、贫富差距成为社会关心的主要问题密切相关。当贫富差距程度增加时,中低收入家庭为了保持与拥有更高收入水平的邻居同样的消费水平而可能选择增加自身债务,维持当期消费,表现出原有的、与邻居相似的社会地位。Iacoviello(2008)采用动态随机一般均衡模型(DSGE)刻画了这一过程,从模型的角度完善了收入不平等程度对债务水平影响的微观作用机制。随着中国收入不平等程度逐渐加剧,国内的学者也就收入不平等程度和家庭部门债务水平之间的关联进行了深入的研究。但从现有国内文献对这一问题的研究结论来看,在中国国情下,收入不平等程度的加剧并非是中国家庭部门债务扩张的主要原因。郭新华等(2016)发现在我国,个人通过借贷来彰显社会地位和赶超更为富有的同龄人消费水平的动机并不明显。在我国,家庭主要是通过提供更高水平的人力资本投入,抑制当期不必要的消费,通过储蓄、积累财富等方式实现社会地位的提升。中国与国外的现象不同,可能在于我国居民受中国传统消费观念影响程度较大,家庭对透支进行超前消费的行为更为谨慎。

第三,家庭部门债务水平的增加可能与家庭投机、投资动机的加强有关。Mian 和 Sufi(2018a)发现在债务扩张时期,房地产部门的投机者也会增加。这些投机者往往信用评分较低,因此事后发生违约行为的概率更高。阮健弘等(2020)采用我国货币信贷和城镇储户调查数据研究发现,房价的快速上涨和住房销售的增长都能明显促进我国居民部门杠杆率增长。谢绵陛(2018)发现,我国年轻家庭和高学历、高收入家庭都具有明显的高负债特点,特别是持久性收入水平越高的家庭,债务水平也越高。这一现象说明,我国家庭增加负债的主要原因并非是为了平滑收入—消费,而是存在较强的投机或者投资动机。吴卫星等(2018)发现随着家庭部门金融素养水平的提高,家庭部门的债务水平也会增加,同时过度负债行为也会减少。这是因为此时债务水平的增加更多是家庭参与金融市场投资行为导致的资产配置变动,有利于增加家庭的效用水平。

第四,家庭对未来收入和未来宏观经济发展的预期以及预期的确定性程度也是影响家庭部门负债行为的一个重要因素。Ferri 和 Simon(2002)认为,即使家庭未来实际收入水平并没有增加,但是如果家庭预期未来收入水平会增加,也会导致家庭承担更高债务水平的动机增强。Cox 和 Jappelli(1993)的研究发现只有当家庭预期自身未来收入水平增加时,才会增加债务水平。Jacobsen 和 Naug(2004)在研究挪威家庭债务时发现,家庭对未来收入的预期会在很大程度上影响家庭负债行为。Mian(2017)发现当一国某家庭发现自己支持的政党当选时,该家庭会产生对未来经济形势乐观的心理预期,但是对家庭的实际行为影响较小。Gillitzer 和 Prasad(2016)同样发现支持的政党当选确实会增加家庭的乐观预期,但他们认为这种乐观预期也会影响到家庭的实际开销。针对中国居民家庭负债的研究也发现,未来预期等因素对家庭负债的规模和负债的深度存在较明显的作用效果。何丽芬等(2012)在研究中国家庭负债的影响因素时认为,就中国而言,如果家庭预期未来利率上升,则会倾向于减少债务水平。而如果家庭预期未来利率下降则会增加债务水平。同时如果家庭预期未来物价上升,会相应增加债务水平。但是对经济形势的预测、对未来收入的预期以及对未来就业的预期则不会对家庭债务水平产生明显的作用效果。近年来,有研究开始关注经济体人口老龄化进程加深对家庭部门债务行为的影响,主要逻辑也在于其影响了家庭对未来收入的预期。老龄化进程的加快意味着劳动年龄人口增长率的下降,劳动年龄人口增长率的下降将带来人力资本成本的上升、经济生产率水平的下降,导致居民预期未来收入水平下降,增加居民对借款的需求(周利和王聪,2017;刘哲希等,2020)。

除此之外,预期的不确定性程度也会影响家庭债务水平。吴卫星等(2013)通过分析奥尔多投资咨询中心于2012年对中国居民家庭进行的"中国城镇居民经济状况与心态"调查问卷发现,家庭部门的债务水平与家庭对上涨预期的确定程度正相关。通常而言,具有较高债务水平的家庭对于未来具有更明确的预期,因此更可能对未来的经济形势、就业情况以及物价等宏观经济的变化持有偏乐观的看法。确定预期下的乐观态度增强了家庭参与各类金融活动的意愿,也会使家庭更倾向于增加债务水平以提高投资、消费的能力。事实上,债务水平的高低与未来预期确定性程度之间可能存在正向反馈机制。Debelle(2004)认为拥有更高债务水平的人群会更加关心未来宏观经济环境的变化对自身偿债能力、负债程度的影响,在这种驱动力下,他们对未来预期的确定性程度会高于债务水平较低的人群。但是,如果对未来预期是不恰当的,即高估了自身对现有资产组合管理的能力,反而可能会导致较高的财务风险(Anderloni 和 Vandone,2010)。

2.2　家庭部门债务变动对经济增长和金融稳定影响的研究综述

2.2.1　金融周期与经济周期研究发展

最初的研究并没有单独分析家庭部门债务水平变动对经济增长和金融稳定的影响,而是将家庭部门债务与非金融企业部门债务看作一个整体(统称为私人部门信贷),视作金融部门资产的对应面。私人部门信贷的变动即代表金融杠杆的变动,各类研究集中于探究金融周期的相关问题。

金融周期并不是一个新概念,早在亚当·斯密时期,就已经在信贷配给相关问题中有过论述。尽管随后实际经济周期理论的提出,使这一时期的人们更多地关注技术冲击等"实际因素",而非金融等"名义因素"对经济的影响,部分经济学家仍旧强调金融周期对宏观经济的重要性。自 Fisher(1932,1933)首次运用债务—通货紧缩理论对 1923 年至 1933 年全球经济大萧条的原因进行了分析后,金融周期对宏观经济的影响就成为现代经济、金融学领域关注的核心问题之一。

早期的研究主要采用理论建模的方式来建立金融周期和经济周期的关联。Bernanke 和 Gertler(1989)构建的金融加速器模型即是考虑到冲击引起的企业资产净值变动会改变企业的投资、融资决策,进而影响到产出,从而导致金融和实体经济相互影响。他们将企业和家庭之间存在的信息不对称引入实际经济周期模型(Real Business Cycle Model)并反映了这一过程。随后 Bernanke et al.(1999)在此基础上进

一步将这种思路引入动态新凯恩斯模型的框架之下,构建了 BGG 模型
(金融经济周期理论)。与之不同,Kiyotaki and Moore(1997)则是在
DSGE 模型中直接加入了表明借贷行为受到约束的不等式,从信贷约束
变动的角度刻画了金融周期和经济周期相互影响的这一过程,为后续
的研究打下了基础。上述研究均是通过企业部门或者家庭部门行为来
引入金融,刻画金融的重要性。由于上述约束条件均为外生给定,因此
将此类模型称为外生信贷约束的金融周期理论模型(周炎和陈昆亭,
2014)。2008 年美国次贷危机之后,学者们关注到银行等金融机构的重
要性,开始将金融机构纳入模型。纳入金融机构后的信贷约束条件取
决于金融机构对私人部门信贷供给和企业部门信贷需求之间的均衡,
从而将信贷约束条件内生化。Gertler 和 Kiyotaki(2010)将金融中介引
入模型,发现金融中介受到负面冲击时,出现的流动性困境是导致 2008
年金融危机发生的重要因素。Christiano et al.(2007)将货币和银行机
构引入模型中,发现金融合同中存在的代理问题和银行机构面临的流
动性冲击会加剧经济波动。Iacoviello(2015)发现贷款违约行为对银行
等金融机构造成了冲击,由于银行面临资本监管的要求,会被迫去杠
杆,从而引发实体经济部门信贷紧缩,加剧冲击的负面影响。除此之外,
也有一些学者将类金融行业形成的市场行为纳入模型的考虑范围,例如
Iacoviello(2005)将房地产纳入模型框架之下,进一步扩展了理论模型。

随着研究的不断深入,一些学者根据经济周期的衡量方式开始识
别金融周期,推动了金融周期和经济周期相关的实证研究的发展。
Claessens et al.(2012)参考经济周期的识别方式,关注金融变量变化的
程度,观察金融变量是如何围绕其发展趋势进行波动的,并且将偏离趋
势的部分定义为波动。基于 21 个发达国家 1960 年至 2007 年的信贷、
房地产价格和股票价格数据波动,Claessens et al.(2012)识别出 473 个
金融周期。Borio(2014)以及 Bezemer 和 Zhang(2014)利用识别经济周
期中常用的 HP 滤波方式分离出金融变量的周期项,并将其与周期项的
标准差进行对比识别出金融周期中的繁荣期和紧缩期,并进一步揭示

了金融周期与经济周期之间的关联。除了采用分离金融变量趋势项和周期项的方式来识别金融周期外,也有学者利用信贷的增长幅度来衡量金融周期性变化。Gorton 和 Ordonez(2016)认为 HP 滤波方法识别出的金融周期与样本时长和所处时间区间存在较大的关联,因此选择采用信贷周期增长率作为衡量标准。他们认为当信贷持续增长并且累计幅度超过样本均值时,说明一国处于信贷扩张时期,而如果信贷开始负增长并持续两年及以上则表明一国信贷扩张时期的结束,以此来识别金融周期中的信贷繁荣期。马勇等(2016)也提到可以采用私人信贷/GDP 增长率变动幅度来识别信贷紧缩时期,当私人信贷连续三年增长率为负,且累计下降幅度大于 10% 时,可以认为经济体处于信贷紧缩时期。Drehamann et al.(2010)发现虽然金融周期和经济周期并不总是同步的,但是一旦两者同步,会加剧经济周期的波动幅度。特别的,当经济衰退时期出现信贷收缩时,会导致经济发生更大程度的衰退。陈雨露等(2016)采用全球 68 个主要经济体 1981 年至 2012 年的面板数据进行实证分析,发现在金融繁荣期和衰退期,经济体的经济增长率均较低。而当一国处于金融平稳期(即不属于繁荣期和衰退期的其他时间段),经济的增长速度反而较高。他们认为金融平稳发展才有利于经济增长,过热或过冷均会对经济产生负面影响。2008 年美国次贷危机之后,学者们发现在金融危机发生之前,经济体往往经历了一段债务水平急剧上升、信贷迅速扩张的时期。特别是如果存在金融自由化和金融创新(两者均会导致信贷扩张),一国更可能在其后经历金融危机。Bhattacharya et al.(2011)发现在信贷繁荣时期,金融部门杠杆的持续上升会导致金融溢价下降。金融机构更有动力投资于风险水平更高的资产,即放出更多的高风险借款。一旦经济体受到负面冲击,高风险借款背后的风险凸显,违约率迅速上升,同时银行由于面临资本监管而被迫去杠杆,将对金融体系的稳定性带来严重的影响。陈雨露等(2014)利用跨国动态面板数据对目前全球面临的老龄化和高杠杆两大主要问题与系统性风险的关系进行了探究,同时发现人口老龄化、金融部门高杠杆和资产价格的下降会相互影响,对金融体系的稳定性造成冲击。马勇等(2016)通过对 91 个国家的跨国面板数据实证研究,发现金融部门去杠杆不仅对经济增长产生负面影响,同时也会对金融体系的稳定性产生负面影响。潘敏和袁歌骋(2018)同样发现金融部门去杠杆对经济增长存在明显的负面影响,他们的研究还发现金融部门去杠杆将加剧经济波动。

通过对上述研究的梳理,不难发现,一直以来,有关金融周期的研究并没有特地将家庭部门信贷与非金融企业信贷割裂来看,而是将其视为统一的整体。这样的做法蕴含了一个前提条件,即非金融企业部门的债务水平变动和家庭部门的债务水平变动对于宏观经济的作用具有同质性。但事实上,家庭部门债务变动和非金融企业部门债务变动影响宏观经济的渠道并不相同,因此对宏观经济的影响也存在差异。家庭部门的债务扩张更多地通过刺激消费需求来影响宏观经济,而非金融企业的债务扩张则更多是通过推动企业投资、增加就业机会等供给影响经济增长。同时现有研究也发现,家庭部门债务和非金融企业部门债务水平的变动对宏观经济金融作用效果可能存在区别。杨攻研和刘洪钟(2014)的研究发现,虽然企业债务和家庭债务均会对经济增长产生抑制作用,但家庭部门的债务增加有助于抑制经济波动,企业部门的债务扩张反而是经济波动的重要来源。次贷危机以来,一些经济现象表明,家庭部门债务通过需求渠道作用于宏观经济的影响似乎越来越大,开始占据主要地位(Mian 和 Sufi,2018b)。Büyükkarabacak 和 Valev(2010)将私人部门债务分为家庭部门债务和非金融企业部门债务后,发现家庭部门债务变动对金融稳定产生明显的影响,而非金融企业部门债务变动对金融稳定的作用效果较小。Mian et al.(2017)同样发现家庭部门债务扩张可以较好预测未来较低的经济增长,但非金融企业部门债务扩张对未来经济增长的预测效果则较弱。因此有必要将家庭部门债务与非金融企业部门债务区分研究。

2.2.2　家庭部门债务扩张与经济增长和金融稳定

传统的投资理论认为,家庭部门债务水平只会影响家庭自身消费行为,而与资产价格和宏观经济的相关性较弱。因此早期的研究更多集中于探究家庭部门承担债务的行为对短期经济变量家庭消费支出的影响,但此类文献并未达成共识。Bacchetta 和 Gerlach(1997)发现,消费信贷、按揭贷款的增加会有效促进消费支出,特别是促进家庭部门耐用品和服务的消费支出。Dynan 和 Edelberg(2013)则认为,家庭部门债务水平的增加会对消费行为产生负面影响,这主要是因为过高的杠杆水平会降低家庭进一步获取消费信贷的可能性,从而削减消费支出。Cooper(2012)利用美国家庭经济动态调查数据(PSID)发现,美国家庭的债务水平增加会明显抑制家庭的消费支出,这种负相关关系不仅存在于金融危机过程中,在金融危机前也存在。而宋玉华和叶绮娜(2012)对美国家庭部门债务与消费支出关系探究时发现,两者之间虽然存在明显的协同效应,但并非单一的线性关系。在经济繁荣时期,家庭债务与消费支出的相关性更强,而在经济衰退时期,两者的相关性则较弱。Kukk(2016)认为如果家庭当期债务水平的增加主要是因为预期未来收入水平的增加,则债务水平应与消费正相关,但是他的研究结果却并不支持此理论。何南(2013)在研究中国问题时发现,家庭债务水平的增加并不会导致居民消费的增长,但是其对消费的负面效应也不明显。姜正和与张典(2015)认为家庭债务对消费的影响在不同类型的家庭中存在异质性。他们发现有关住房的负债增加会削弱风险厌恶型家庭的消费水平,但是反而会刺激风险偏好型家庭的消费水平。潘敏和刘知琪(2018)则认为家庭债务并不直接作用于消费,而是主要通过收入消费效应和财富消费效应间接作用于消费。他们的研究结果表明家庭部门债务增加会显著抑制家庭总支出的增加,但是会强化资产对总支出和消费支出的正向促进作用。此外,他们还发现家庭部门债务的增加虽然可以促进生存型消费的增加,但是却会抑制发展与享受型的消费支出。

随着 2008 年美国次贷危机的发生,一方面,由于家庭部门债务规模不断增加,其对经济增长的影响占据着越来越重要的地位;另一方面,以次级贷款为主要形式的家庭债务构成了商业银行资产的重要组成部分,因此当家庭部门出现违约风险,该风险将传导至金融部门,从而加剧金融系统性风险。在这一背景下,越来越多的学者开始关注家庭部门债务变动与经济增长和金融稳定的关联,特别是关心前期家庭部门债务的快速扩张是否会导致未来经济衰退以及金融危机的发生。

有关家庭部门债务扩张对未来经济增长和金融稳定影响的文献主要分为两大类。其中一类文献关注家庭部门债务扩张是否可以作为预测未来经济衰退、发生金融危机的先行指标。唐珺和朱启贵(2008)认为,家庭承担债务,虽然可以帮助家庭平滑生命周期内的收入、增加居民的福利水平,但也会增加家庭面临的财务压力。家庭财务压力会影响消费和劳动力供给,因此会加剧宏观经济的波动。Mian 和 Sufi(2010)发现 2002 年至 2006 年间美国家庭部门债务扩张现象可以解释美国 2007 年至 2009 年的经济衰退。Schularick 和 Taylor(2012)利用 14 个发达经济体 1870 年至 2008 年的历史数据,发现前期的信贷增长是未来是否发生金融危机的重要先行指标。Drehmann 和 Juselius(2012)发现利用私人部门的偿债成本(Debt service ratio)可以很好地预测金融危机以及其后的经济衰退。Jordà et al.(2016)发现,虽然抵押贷款占 GDP 的比重与非抵押贷款占 GDP 的比重在预测是否发生金融危机的效果相仿,但是在预测金融危机发生后经济衰退的严重程度时,抵押贷款占 GDP 的比重起着主要作用。IMF(2017)发现家庭部门债务水平变动引发的消费扩张和紧缩,比经济周期的波动幅度更大。杨攻研和刘洪钟(2015)采用家庭部门债务五年平均规模作为家庭债务水平的衡量指标,发现虽然家庭部门债务增加不会对宏观经济增长产生明显的作用效果,但是家庭部门债务的增加会显著提高金融危机发生的概率。田新民和夏诗园(2016)对中国家庭部门债务问题进行分析时,发现中国家庭债务规模的膨胀虽然在短期内可以促进经济增长,但对长期产出则呈现抑制效应。Mian et al.(2017)采用 30 个经济体家庭部门债务变动数据发现,前期的家庭部门扩张幅度越大,对未来经济增长的负面影响越大。Garber et al.(2018)在研究巴西经济衰退时同样发现,经济衰退前期巴西家庭部门债务水平出现了明显的增长趋势。

另一类文献则更关注家庭部门债务扩展对未来经济金融的影响渠道。相关文献主要集中在以下两个方面。

第一,家庭部门债务扩张期,低收入人群更倾向于负债,因此信贷资源更多地集中在了低收入人群,由于低收入家庭风险更高,因此金融系统性风险在家庭部门内聚集。Kaufman(1986)发现 1960 年至 1985年间,美国家庭部门债务水平增速较快,家庭部门债务占 GDP 的比重由8.6% 上涨至 12.8%,而与之相伴的是家庭部门信贷质量不断恶化,预示金融风险在家庭部门内积累。Di Maggio 和 Kermani(2017)发现信贷供给的增加实质上鼓励了更具风险的借款人进行借贷,因此增加了系统性风险。Mian 和 Sufi(2017)研究发现信贷扩张期,借款人提供欺诈性收入证明的动机加强,从而导致信贷扩张时期,信贷供给错配程度加剧。

第二,家庭部门债务扩张时期,往往伴随着房地产等类金融行业繁荣发展。房地产行业对技能需求较低,但在此时期过高的回报率会吸引人才流向房地产行业,导致人力资本的错配,削弱未来经济发展的动力。Charles et al.(2015)发现随着信贷繁荣时期的到来,房地产行业也迅速发展,建筑等技能要求较低的工作平均工资水平明显增加。较低技能工作的工资上涨,相当于增加了个体接受继续教育的机会成本,因此可能导致年轻人更多选择去工作而并非继续接受教育。教育的缺乏使这部分个体成了低技能劳动力。此外,Charles et al.(2015)采用微观层面跟踪调查数据发现,这一类个体在信贷扩张时期成为低技能劳动力后,即使信贷扩张时期结束,他们也更缺乏动力重新接受大学教育,从而成为长期的低技能劳动者。劳动生产率水平的下降将影响一国经济未来的长期发展。Mian 和 Sufi(2018b)也发现在房地产繁荣的时期,年轻人面临的就业机会增加,接受继续教育的机会成本也随之增加。具体表现为,在各国历史上房地产泡沫出现的期间,同期大学入学率都会出现明显的下降。Borio et al.(2016)的研究认为信贷扩张导致未来经济出现衰退的原因在于过于宽松的信贷环境加剧了经济体人力资本错配程度。房地产等劳动生产率水平较低的行业收益率迅速上升,诱使更多人力资本流入了此类部门,降低了拥有较高劳动生产率部门的人力资本水平,导致经济体整体劳动生产率水平下降。正是因为部门间人力资本的错配降低了整体生产率水平,才使危机后经济体经历了较长时间的经济衰退。Bahadir 和 Gumus(2016)和 Mian et al.(2020)发现家庭部门杠杆快速增长会导致家庭部门消费需求的增加,面对家庭需求增加,经济中贸易部门相关行业企业的产品因受国际竞争因素影响,短期内产品价格上涨空间有限。而房地产等非贸易部门行业因不受国际竞争因素影响,家庭需求增加会导致其产品和资产价格快速上涨,形成资产价格泡沫(纪敏等,2017)。在非贸易部门资产价格形成泡沫的情况下,资本、劳动力等资源会从生产率水平较高的贸易部门流入生产率水平较低的非贸易部门,导致部门间的资源错配,从而阻碍生产率水平提高、抑制经济发展。此外,当家庭部门债务的主要构成为抵押贷款时,会因资金过多流向类金融行业,推动资产价格上升,导致价格泡沫产生,从而增加了金融部门的脆弱性(Jordà et al.,2016)。Mian 和 Sufi(2010)发现当家庭部门债务主要集中于房地产部门时,一旦房价上涨势头停滞,价格上涨不足以偿还债务水平时,家庭部门的消费支出会大幅下降。Yao et al.(2015)发现,即使是高收入的富裕家庭,在增加债务水平购买房屋后,消费边际倾向也会增加。这主要是因为家庭部门中对耐用品的消费支出挤出了非耐用品的消费支出。

2.2.3 家庭部门去杠杆与经济增长和金融稳定

20 世纪 90 年代末以来,针对亚洲金融危机和 2008 年美国次贷危机后不同国家包括家庭部门在内的各经济部门去杠杆过程中宏观经济的变化,部分学者分析了家庭部门去杠杆对经济增长、金融稳定的影响。从现有研究的梳理来看,相关研究主要集中于以下两方面。

第一,短期来看,家庭部门去杠杆会影响家庭消费支出,导致一国经济增长放缓。Caroll(2003)发现当经济受到负面冲击后,进入去杠杆进程中时,家庭部门的储蓄水平明显增加,这主要是因为家庭的预防性储蓄动机加强,从而导致消费下降。Midrigan 和 Philippon(2011)发现随着家庭部门债务水平的下降,失业率呈现明显的增长趋势,同时产出水平出现大幅下降。Hall(2011)和 Eggertsson 和 Krugman(2012)发现家庭部门去杠杆会对经济产生负面影响,如果此时经济体处于零利率下限困境,则会因为政府难以实施刺激性货币政策刺激家庭消费而导致经济陷入更大幅度的衰退。Dynan 和 Edelbeg(2013)采用美国 2007 年至 2009 年家庭微观调查数据发现,具有高杠杆的房屋持有者在 2007 年至 2009 年期间消费支出的下降幅度远高于其他家庭。同时他们发现这些家庭在此期间财富净值变化不大,说明消费支出的下降主要是由债务引起,去杠杆会导致消费疲软,引起经济衰退。McCarthy 和 McQuinn(2017)同样发现家庭部门的去杠杆行为会对消费支出产生明显的作用效果。Guerrieri 和 Lorenzoni(2017)采用异质性经理人不完全市场模型发现,当家庭部门进入去杠杆进程中时,不仅受到信贷约束的消费者会为了偿还债务降低其余支出,不受约束的家庭此时也会加强自身的预防动机,从而更倾向于增加储蓄,并减少消费支出。Mian et al.(2013)发现更高杠杆的家庭净财富变动的边际消费倾向更大,因此在信贷紧缩影响了家庭财富时,高杠杆的人群会更多地减少消费支出,对经济增长产生负面影响。事实上,也有一类文献对此存有不同的观念,认为家庭部门去杠杆并不会对家庭消费产生明显的作用效果。Copper(2012)通过分析美国家庭的调查数据发现,家庭部门去杠杆并不会显著地影响家庭部门的消费支出。Justiniano et al.(2015)发现由于耐心家庭和不耐心家庭的决策、行为相反,因此在未达到零利率下限时,家庭部门去杠杆对宏观经济的影响并不明显,家庭部门内部不同人群之间的对冲行为平抑了宏观经济的波动性。王君斌和刘河北(2020)构建了一个包含异质性家庭、GHH 效用函数和存在信贷约束的 DSGE 模型,发现存在一个信贷紧缩的门槛值,当高于门槛值时,家庭部门债务有利于实体经济发展,但低于门槛值时,信贷紧缩将改变家庭债务与实体经济的周期性特征。

第二,家庭部门去杠杆会增加家庭部门的违约行为,加剧金融体系的不稳定性。Di Maggio 和 Kermani(2017)发现家庭部门去杠杆主要作用于债务水平较高的家庭,这类家庭往往属于收入较少、财富水平较低的家庭,因此在去杠杆期间发生违约行为的概率更大,从而对金融稳定造成负面影响。Glick 和 Lansing(2010)发现家庭部门去杠杆进程中,家庭违约行为的比例上升。由于家庭部门的债务为银行部门资产的主要构成,因此家庭部门违约行为的增加会影响金融机构的资产端,将风险传递到金融部门,最终造成整个金融体系的不稳定程度加剧。Bouis et al.(2013)也发现在家庭部门去杠杆的过程中,不仅家庭的违约行为会增加,金融资产和房地产资产的估值也会受到影响,从而将金融风险传递至其他的部门,甚至导致金融危机的发生。当然,同样也有研究表明,高收入人群和低收入人群之间的行为相互抵消,从而不会对金融稳定产生明显影响。Kumhof et al.(2015)采用一般随机动态均衡模型刻画了高收入和低收入人群的行为差异。当金融危机发生后,高收入人群更倾向于选择增加金融资产投资以弥补危机期间受损的金融资产价值。此行为将增加低收入家庭面临的信贷供给,减少低收入家庭债务违约行为发生的可能性,从而帮助抵消负面冲击对经济体的影响。

2.2.4　经济部门债务变动对经济增长和金融稳定影响的异质性

事实上,现有研究早已发现,金融周期与商业周期并非完全协同。Drehmann et al.(2010)对比 OECD 各国 GDP 产出缺口和各国发生系统性风险的时段,发现商业周期的持续时间通常为 4 年至 8 年,平均持续时间为 5 年。而金融周期的持续时间通常为 5 年至 20 年,金融周期持续时间的中位数水平约为 15 年,是商业周期持续时间的三到四倍。Hiebert et al.(2018)采用 13 个欧盟国家的数据,发现这些国家的金融周期和商业周期只有三分之二的时间是重叠的。Gorton 和 Ordonez(2016)利用信贷变动识别出债务的扩张时期并逐一对比了信贷扩张期间与历史上发生金融危机的时期,发现只有不到二分之一的信贷扩张最终导致了金融危机的发生。

基于金融周期和商业周期并非完全同步这一现象,学者们开始考察私人部门债务(金融杠杆)变动对经济增长、金融稳定的异质性影响。Barajas et al.(2007)发现信贷繁荣时期其他变量的差异可能会导致经济体随后的经济发展、金融稳定变动出现异质性。他们认为如果一国在信贷繁荣时期,通货膨胀水平较高,则该国更可能在随后经历金融危机。而如果一国拥有较好的银行监管体系和更大规模的国际贸易往来,则有助于降低金融危机发生的可能性。Gorton 和 Ordonez(2016)在对比引发金融危机的私人部门信贷扩张和未引发金融危机的私人部门信贷扩张时发现,如果一国在信贷繁荣时期,生产率水平持续性提高,且在信贷扩张时期结束后仍保持较高的生产率水平,则前期的信贷繁荣不太可能引发金融危机。但如果一国的生产率水平在信贷扩张的过程中出现了快速下降,则该经济体更可能发生金融危机。他们将前者称为"好的债务扩张",后者称为"坏的债务扩张"。Barrell et al. (2018)认为私人部门债务扩张本身并不存在风险,但如果私人部门债务扩张期间房地产价格显著上涨,则会加剧金融系统性风险,对未来经济增长、金融稳定产生负面影响。潘敏和袁歌骋(2018)采用 97 个国家和地区 1980 年至 2015 年的样本数据发现金融发展水平的变动会影响金融去杠杆(私人部门信贷紧缩)的宏观经济效应,以直接金融为主的资本市场发展有利于抑制金融去杠杆对经济增长的负面影响和对经济波动的放大效应。

近年来,随着家庭部门债务变动对宏观经济金融影响作用逐渐凸显,学者们开始考察家庭部门债务变动经济金融效应可能存在的异质性问题。Rinaldi et al.(2006)在探究 1989 年至 2003 年期间比利时、芬兰、意大利等 7 个欧洲主要国家的家庭部门债务时发现,这些国家的家庭部门债务均呈现明显的上升趋势,但是各国银行部门对家庭部门的不良贷款率则出现分化现象。伴随着家庭部门债务水平的上升,有些国家家庭部门不良贷款率水平也持续上升,标志着家庭部门金融风险的加剧,但有些国家家庭部门不良贷款率水平则呈现下降趋势。Rinaldi et al.(2006)发现不良贷款水平呈现下降趋势的国家在这段时间内家庭部门收入水平有明显的上涨趋势,因此如果在家庭债务扩张时期,家庭收入也出现明显增加,则有助于抑制家庭部门债务扩张对金融稳定的负面影响。Mian et al.(2017)采用 30 个国家 1960 年至 2012 年的面板数据实证分析发现,如果一国实施的汇率制度更倾向于固定汇率制度或者陷入零利率下限困境,则家庭部门债务扩张对未来经济增长的负面影响更大。他们认为固定汇率制度和零利率下限困境相当于一种宏观摩擦,限制了经济体货币政策的实施空间,从而家庭部门债务过度扩张表现出更明显的抑制未来经济增长的作用。Lombardi et al.(2017)发现虽然家庭部门债务扩张对未来长期经济增长产生负面影响,但如果一国债权人保护制度较完善,则有助于抑制家庭部门债务扩张对长期经济增长的负面影响。袁歌骋和潘敏(2021)从经济体城市化进程和老龄化进程两个角度探讨了家庭部门债务扩张对经济增长的异质性影响,他们的研究发现经济体城市化进程的加速有助于抑制家庭部门杠杆增速对经济增长的负面影响,而老龄化进程的加速则会放大家庭部门杠杆增速对经济增长的抑制效应。

2.3 文献评述

从上述文献的梳理可以看出,现有关于家庭部门债务水平变动影响因素以及家庭部门债务变动对微观主体消费的影响研究较为丰富,同时现有文献也对家庭部门债务变动与经济增长和金融稳定之间的关联进行了探讨。但是,现有对于家庭部门债务变动对经济增长和金融稳定的影响研究仍主要集中于整体分析,对家庭部门债务变动对经济增长和金融稳定的影响可能存在的异质性缺乏足够的关注。Rinaldi et al.(2006)、Mian et al.(2017)、Lombardi et al.(2017)已经开始尝试从家庭可支配收入、零利率下限、汇率制度、债权人保护角度对家庭部门债务扩张经济金融效应的异质性进行探讨,但仍不足以完全解释国际经验中家庭部门债务变动的经济金融效应存在的差异。

事实上,首先,从国际经验事实发现,发达经济体平均家庭债务水平和债务扩张幅度均明显高于发展中经济体平均债务水平和债务扩张幅度,这可能意味着相同的家庭债务水平、债务扩展幅度对发达国家和发展中国家宏观经济金融的影响存在差异。但现有跨国研究更多集中于探究发达国家家庭部门债务扩张经济金融效应,并未过多关注发达国家和发展中国家家庭部门债务扩张对经济增长和金融稳定的影响可能存在的差异。因此有必要进一步考察处于不同经济发展阶段的经济体家庭部门债务扩张对经济增长和金融稳定的影响是否存在异质性。

其次,从各国家庭部门债务扩张影响因素的差异以及扩张后经济金融效应的区别来看,不同因素驱动的家庭部门债务扩张对经济增长和金融稳定的意义是不同的,但现有研究仅关注了家庭可支配收入变动对家庭部门债务扩张经济金融效应的影响。国际资本流入、金融发展水平、家庭投资投机动机、家庭预期不确定性等变动同样可能导致家庭部门债务扩张的经济金融效应出现异质性,因此有必要进一步探究影响家庭部门债务扩张的其他驱动因素对家庭部门债务扩张经济金融效应的作用效果,完善现有的研究。

最后,虽然现有文献对家庭部门去杠杆经济金融效应的影响进行了探讨,但大部分研究集中于理论建模或者基于单个国家微观家庭层面的数据分析,而缺乏家庭部门去杠杆对经济增长和金融稳定影响宏观层面的跨国比较。同时,对于家庭部门去杠杆经济金融效应异质性影响的研究较为匮乏。因此有必要从跨国分析的视角对现有研究进行补充。

基于上述目的,本书在现有研究的基础上,从国际经验中经济体家庭部门债务扩张后的经济金融表现以及家庭部门去杠杆对经济增长和金融稳定的影响存在差异的客观事实出发,从家庭部门债务变动的驱动因素以及经济体特征两个方面,考察处于不同发展阶段经济体家庭部门债务扩张经济金融效应的差异以及不同驱动家庭部门债务变动的因素变化差异对家庭部门债务扩张经济增长和金融稳定效应影响的异质性。同时,考察在不同经济制度因素和家庭部门特征下,家庭部门去杠杆对经济增长和金融稳定影响的差异。本书的研究将有利于丰富和拓展现有家庭债务变动对宏观经济、金融稳定的研究,也能为监管部门和宏观经济决策部门科学认识家庭部门债务扩张的经济金融效果、制订家庭部门去杠杆政策提供基于跨国分析的经验证据。

第3章　家庭部门债务扩张对经济增长和金融稳定的影响

3.1　导言

本书第 2 章的文献综述表明,2008 年由次级抵押贷款引发的美国金融危机发生后,家庭部门债务扩张以及其后的去杠杆进程对一国经济、金融体系可能产生的影响成为学术界重点关注的问题之一。

从现有关于家庭部门债务扩张对宏观经济金融影响的研究来看,相关研究认为:一方面,高收入家庭更倾向于财富积累,因此家庭部门债务扩张时期,主要负债人群为低收入、低财富水平的家庭,低收入、高杠杆人群边际消费倾向更大、偿债能力更低,导致家庭部门金融风险增加(Kaufman,1986;Mian 和 Sufi,2017);另一方面,家庭部门债务扩张会推动房地产等劳动生产率较低的类金融行业发展,高回报率吸引人才流向此类行业,加剧人力资本在部门间的错配程度,降低了生产率水平(Charles et al.,2015;Borio et al.,2016)。同时,过多的资金集中于房地产等类金融行业,也会导致资产价格泡沫的产生,加剧金融脆弱性(Mian 和 Sufi,2010;Jordà et al.,2016)。因此,家庭部门债务扩张会对未来经济增长和金融稳定产生负面影响(Jordà et al.,2016;Mian et al.,2017)。

虽然现有研究在一定程度上揭示了家庭部门债务扩张对未来经济增长和金融稳定的影响,但现有研究更关注家庭债务存量或短期(一期)家庭部门债务扩张的宏观经济金融效应。上述研究视角难以刻画现阶段有些经济体家庭部门债务水平虽不高,债务持续扩张速度却较快的现象。家庭部门债务扩张速度较快可能意味着出现了结构性问题,同样会影响经济发展、金融稳定。Mian et al.(2017)的研究关注了这一现实问题,以三年期[①]家庭债务扩张幅度作为研究对象,探究了家庭部门债务快速扩张对经济增长的影响。2008 年金融危机表明,前期家庭部门债务扩张过快也是导致金融脆弱性增加的主要因素,因此,不仅需要评估家庭部门债务快速扩张对经济增长的影响,更需要客观评估家庭部门债务快速扩张对金融稳定的影响。

此外,囿于数据的限制,现有跨国研究更多集中于探究发达国家家庭部门债务扩张经济金融效应,并未过多关注发达国家和发展中国家家庭部门债务扩张对经济增长和金融稳定的影响可能存在差异。事实上,从经济现实来看,发达国家平均家庭债务水平(73.2%)和家庭债务扩张幅度(4.4%)均明显高于发展中经济体平均家庭债务水平(45.5%)和家庭债务扩张幅度(2.2%)。那么,这是否意味着相同的家庭债务水平、债务扩张幅度对发达国家和发展中国家宏观经济金融的影响可能存在差异? 因此,有必要进一步考察处于不同经济发展阶段的经济体家庭部门债务扩张对经济增长和金融稳定的影响是否存在异质性。

基于上述目的,本章以 135 个国家和地区 1960 年至 2016 年的非平衡面板数据为样本,利用时间窗口内家庭债务上涨幅度作为核心解释变量,实证检验家庭部门债务扩张对未来经济增长和金融稳定的影响,

---

① 采用自向量回归模型(VAR)的方式确定债务扩张的持续时间,由于是在固定时间窗口内衡量扩张幅度,因此也可以认为是债务扩张的速度。

以期在 Mian et al.(2017)的研究基础上,从家庭部门债务快速扩张的角度来分析家庭部门债务扩张对金融稳定的影响。此后,进一步探究处于不同经济发展阶段的经济体家庭部门债务扩张对经济增长和金融稳定的影响是否存在异质性,丰富和拓展了现有家庭债务变动对宏观经济、金融稳定影响的研究。

本章的结论表明:第一,家庭部门债务扩张会对未来经济增长产生明显的负面影响,导致未来经济增速放缓,同时也会加剧金融不稳定程度,增加一国发生金融危机的可能性;第二,与发展中国家相比,家庭部门债务扩张对经济发展水平更高的发达国家的金融稳定存在更大的负面影响。

3.2 研究设计

3.2.1 变量说明与数据来源

3.2.1.1 变量说明

(1)实际 GDP 变动(记为 $\Delta_3 RealGDP_{i,t+3}$)。该指标采用世界银行 WDI 数据库提供的实际 GDP 的自然对数值在 t 期至 $t+3$ 期的变化程度进行衡量,是本章的被解释变量之一。

(2)金融稳定(记为 $Probit\{Crisis_{i,t+n}=1\}$)。现有的研究认为金融稳定主要涵盖以下三个维度的内容:第一,金融机构和金融市场平稳运行、风险可控;第二,金融体系承受外部冲击的能力较强;第三,经济体中的实物、金融资产价格保持相对稳定(何德旭和娄峰,2011)。基于金融稳定的不同内涵,主流研究中一般存在以下两种方式构建金融稳定指标。第一,考虑衡量金融稳定多个维度的指标,以此构建综合性指数度量一国金融体系的稳定性(Gersl 和 Hermanek,2007;Morales 和 Estrada,2010;何德旭和娄峰,2011)。第二,由于稳定的银行系统、金融市场是运作良好的金融体系的重要组成部分,因此通过衡量金融机构、金融市场的稳定运行和风险的可控程度即可较好反映金融体系的稳定程度。具体做法为,采用一国是否发生银行(金融)危机来衡量金融体系的稳定性(马勇等,2016)。

考虑到采用多维度指标构建综合指数时,由于单维度指标存在较多缺失,使样本可得性下降,同时本章的研究对象为 t 期至 $t+3$ 期金融稳定的变化,会导致样本进一步缩小。因此,为了避免样本过小对本章研究的影响,参考马勇等(2016)研究金融稳定问题的指标选择,本章主要采用一国在 t 期到 $t+3$ 期是否发生金融危机来衡量一国的金融体系是否稳定。金融危机是一国金融稳定的负向指标,当一国发生金融危机的概率越大,说明这个国家的金融体系越不稳定。本章采用 Laeven 和 Valencia(2018)构建的 Systemic Banking Crises 数据库中银行危机数据作为金融危机的代理变量,该数据库记录了各国发生银行危机的起始时间和结束时间,覆盖了 165 个国家和地区 1970 年到 2017 年间发生的 151 次系统性银行危机。若一国在 t 期到 $t+3$ 期内发生了至少一次系统性银行危机则记为 1,若没有发生则记为 0,构建本章被解释变量金融稳定指标。

(3)家庭部门债务变动(记为 $\Delta_3 HouseholdDebt_{i,t-1}$)。家庭部门的债务采用家庭部门拥有的贷款和债务证券之和占名义 GDP 的百分比衡量,数据来源于 Mbaye et al.(2018)构建的全球债务数据库(GDD)。家庭部门债务 $t-4$ 期到 $t-1$ 期的变化程度是本章关注的核心解释变量。与现存的其他债务数据库相比,全球债务数据库存在以下三个优点。第一,由于大部分国家的债务分类和债务的统计口径在样本期间内会发生不同程度的改变,采用不同口径衡量的债务水平不具有可比性。因此,Mbaye et al.(2018)通过追溯历史数据,确保在整个样本期间内债务的统计口径是具有一致性的,从而在时间维度具有可比性。第二,提供的私人部门债务数据更加全面,增加了一倍以上的数据。第三,在数据统计过程中,与样本国家的相关官员和国际货币基金组织国家(IMF)办事处进行仔细的磋商,增加了数据的完整性和可信度。出于上述理由,本书在研究过程中没有采用常用的 BIS 数据库提供的家庭部门债务数据,而采用了全球债务数据库提供的样本数据进行分析。①

(4)非金融企业部门债务变动(记为 $\Delta_3 FirmDebt_{i,t-1}$)。非金融企业部门债务的定义为非金融企业部门拥有的贷款和债务证券占名义GDP 的百分比,数据同样来源于全球债务数据库。有关金融周期对经济周期影响的文献中,会采用私人部门信贷/GDP 来衡量一国的金融杠杆水平。私人部门信贷/GDP 实质上对应着家庭部门债务与非金融企业部门债务之和。因此,在分析的过程中需要同时控制组成私人部门信贷的另一部分非金融企业部门的债务变动,以控制其他信贷周期变化对宏观经济的影响。

(5)政府债务变动(记为 $\Delta_3 GovDebt_{i,t-1}$)。政府债务定义为中央政府拥有的债务占 GDP 的百分比,数据来源于全球债务数据库。一直以来政府债务问题对宏观经济的影响都备受学者们关注。从古典主义者的批判到凯恩斯主义者的推崇,再到李嘉图中性等价,政府债务理论对宏观经济的影响处于动态演变中。但不可否认,与私人部门债务相对,政府债务也会影响未来经济增长和金融稳定,因此在实证分析过程中需要进行控制。

(6)进出口贸易规模变动(记为 $\Delta_3 Trade_{i,t-1}$)。进出口贸易规模采用 t 时期国家 i 进出口规模总额占 GDP 的比重,并取其自然对数进行衡量。该指标反映一国贸易对外开放程度的变化,该值越高表明该国对外贸易规模增加得越多。现有的研究表明,进出口贸易的增加有利

① Mian 等(2017)在 Mbaye et al.(2018)构造的数据库的基础上对其中缺失的部分国家分部门债务水平进行了补充。本书采用 Mian 等 (2017)补充后的 GDD 数据进行实证分析。

于本国获取国外的技术和知识,提高生产率,促进经济增长。

(7)资本形成变动(记为 $\Delta_3 Capformation_{i,t-1}$)。采用资本形成总额与 GDP 之比的变化进行衡量,该指标可以反映宏观资本结构和货币资源的分配在此期间的变动情况。马勇等(2016)的研究表明投资的增加和资本形成的加速会促进一国的人均 GDP 增速上升,同时随着一国资本水平的上升,该国发生金融危机的可能性会显著下降。

(8)通货膨胀率变动(记为 $\Delta_3 Inflation_{i,t-1}$)。按照一般文献的做法,采用 GDP 平减指数表示通货膨胀率[①]。传统的理论认为温和的通货膨胀水平有助于促进经济增长,而过高的通货膨胀水平或者过低的通货膨胀水平则可能会对宏观经济产生负面影响。

(9)人口增长率变动(记为 $\Delta_3 Population_{i,t-1}$)。采用人口增长的年度百分比来衡量 i 国 t 时期的人口增长率,人口增长百分比越高表明人口增长速度越快。武康平等(2016)认为人口增长率会影响人口年龄结构,当人口年龄结构的变化提高了劳动参与率时,可以有效促进一国经济增长。同时,人口年龄结构的变化也会改变社会总体跨期消费和储蓄选择,影响宏观经济稳定。

3.2.1.2 数据来源

本部分使用的数据均来源于国际货币基金组织(IMF)的全球债务数据库以及世界银行数据库。基于数据的可得性,本章的实证分析样本包括 135 个国家和地区(经济体)1960 年至 2016 年的相关数据。

3.2.2 家庭部门债务扩张与经济增长的动态关系探究

在研究家庭部门债务扩张对未来经济增长的影响时,需要注意虽然家庭部门债务扩张会影响经济体未来经济增长和金融稳定,但是家

---

① 采用 log(100+inflation)的公式对其进行对数化处理。

庭部门债务扩张与宏观经济变量间存在较严重的内生性问题。经济增长、金融稳定也会反过来通过影响产出水平(家庭部门收入)或者通过影响抵押物价格等渠道作用于家庭部门的债务水平。反向因果问题的存在会影响家庭部门债务扩张与宏观经济之间的因果联系,降低结论的可靠性。为了克服研究过程中可能出现的反向因果导致的内生性问题对本章结论的影响,参考 Mian et al.(2017)的研究方法,本部分采用滞后多期的家庭部门债务变动幅度来预测未来多期的宏观经济变化程度,从而消除可能产生的反向因果对本章结论的影响。

　　为了确定研究中使用的滞后期数和未来期数,本部分首先采用向量自回归模型(VAR)粗略揭示家庭部门债务扩张与经济增长之间的动态关系,经济增长采用剔除价格水平影响后的实际 GDP 进行衡量。向量自回归模型是由 Sims(1980)提出的一种多变量数据分析方法,当同时关心几个经济变量的预测时,该方法可以将这些变量放在一起,作为一个系统进行预测,使得预测相互自洽(mutually consistent)。由于本章在此部分利用向量自回归模型旨在观测家庭部门债务变动和实际 GDP 变动之间的动态关系,而并非探究两者的内在联系,因此无须过度关注内生性问题,但本章仍参考 Mian et al.(2017)的研究方法采用家庭部门债务与上一期名义 GDP 之比构建新的债务水平变量,以减少两者之间可能存在的反向因果对趋势的影响。由于相关研究中,非金融企业部门债务变动也会影响宏观经济,同时也可能与家庭部门债务相互影响,因此在 VAR 分析的过程中,本部分同时考虑了非金融企业部门债务的影响。

　　VAR 实证研究的选择变量为 $Y_{it} = (y_{it}, d_{it}^{F}, d_{it}^{HH})$,分别对应实际 GDP 的对数值、非金融企业部门负债/滞后一期名义 GDP 以及家庭部门负债/滞后一期名义 GDP。VAR 模型设定如(3-1)所示:

$$AY_{it} = a_i + \sum_{j=1}^{p} \alpha_j Y_{it-j} + \varepsilon_{it} \qquad (3\text{-}1)$$

其中 a_i 为国家固定效应,ε_{it} 为结构性冲击,且满足 $E[\varepsilon_{it}\varepsilon_{it}{}'] = I$,

$E[\varepsilon_{it}\varepsilon_{is}{}']=0$。为了使模型能够被估计,本部分对式(3-1)进行变换,使其变为缩减型 VAR(Reduced VAR),如模型(3-2)所示:

$$Y_{it} = c_i + \sum_{j=1}^{p} \delta_j Y_{it-j} + u_{it} \qquad (3\text{-}2)$$

设 S 矩阵为 A 的逆矩阵,则 $c_i = Sa_i$,$\delta_j = S\alpha_j$,$\mu_{it} = S\varepsilon_{it}$,此时冲击的方差为 $E[u_{it}u_{it}{}'] = SS'$。本部分对上述结构性冲击进行 Cholesky 分解,即将一个对称正定的矩阵表示为一个下三角矩阵和其转置的乘积的分解,按照实际 GDP 的对数值、家庭部门债务/滞后一期 GDP 以及非金融企业部门债务/滞后一期 GDP 的分解顺序,结果如图 3-1 所示。

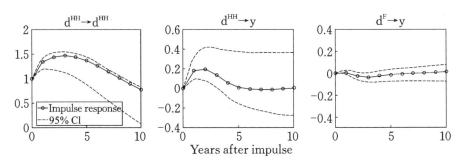

图 3-1　家庭部门债务、非金融企业部门债务以及实际 GDP 脉冲响应图

本部分利用全球债务数据库扩充国家样本后得到的家庭部门债务、非金融企业部门债务以及实际 GDP 脉冲响应图与 Mian et al. (2017)利用 30 个国家得出的脉冲响应图基本吻合。从图 3-1 中,可以清楚地看见,当家庭部门债务受到正向一单位冲击后,实际 GDP 也出现了明显的增长趋势,但该增长趋势持续时间并不长,从大约第三期开始出现下降趋势,最后回到初始水平。由于采用的是实际 GDP 而非 GDP 增长率作为衡量指标,下降趋势实际上代表着经济衰退。

图 3-1 左边的脉冲响应图刻画了家庭部门债务受到一单位正向冲击后的变动趋势。受到一单位正向冲击后,家庭部门的债务水平出现明显的上涨趋势,上涨幅度达到 50%,第三期后开始缓慢下降。因此,我们认

为家庭部门债务三期的变动幅度可以较好地衡量家庭部门债务扩张时期家庭部门债务水平的变化。在其后的研究中,本书采用家庭部门债务水平的三年变动幅度作为本书的核心解释变量。由于实际 GDP 从第三期开始下降,第六期接近初始 GDP 水平。基于本书希望探究家庭部门债务对未来经济增长影响的这一目的,采用正向冲击后第三期开始至第六期 GDP 的变动幅度来衡量未来经济增长的表现。

3.2.3　模型设定

基于上述分析,同时参考 Mian et al.(2017)的研究方法,本部分采用如下模型(3-3)来探究家庭部门债务扩张对未来经济增长的影响:

$$\Delta_3 RealGDP_{i,t+3} = \beta_1 \Delta_3 HouseholdDebt_{i,t-1} + \beta_2 \Delta_3 FirmDebt_{i,t-1}$$
$$+ \beta_3 \Delta_3 GovDebt_{i,t-1} + \beta_4 \Delta_3 Trade_{i,t-1} + \beta_5 \Delta_3 Capformation_{i,t-1}$$
$$+ \beta_6 \Delta_3 Inflation_{i,t-1} + \beta_7 \Delta_3 Population_{i,t-1} + \mu_i + \varepsilon_{i,t} \qquad (3-3)$$

其中 $\Delta_3 RealGDP_{i,t+3}$ 代表的是实际 GDP 在 t 期到 $t+3$ 期内的变化程度。[①]虽然通过对脉冲响应图的分析,应当选择探究 $t-3$ 期至 t 期家庭部门债务变动幅度对 t 期到 $t+3$ 期经济增长的作用效果,但考虑到债务水平与经济增长之间存在较明显的反向因果导致的内生性问题,因此,在模型中,本章采用 $t-4$ 期至 $t-1$ 期家庭部门债务变动幅度代替 $t-3$ 期至 t 期的家庭部门债务变动幅度来减少内生性问题对本章结论的影响。其他的控制变量同样按照上述思路进行构建,μ_i 为国家固定效应,$\varepsilon_{i,t}$ 为残差项。为了消除解释变量之间在一国内可能存在的自相关性对本章结论的影响,模型(3-3)进行了国家层面的聚类处理。由于本章的控制变量和被解释变量均为多年期的变化率,采用时间固

---

① 参照 Mian et al.(2017)处理方式采用 $\Delta_3 RealGDP_{i,t+3} = 100 \times (\ln RealGDP_{i,t+3} + \ln RealGDP_{i,t})$ 的公式衡量实际 GDP 的变化情况。而对于 $\Delta_3 HouseholdDebt_{i,t-1}$ 则采用 $HouseholdDebt_{i,t-1} - HouseholdDebt_{i,t-4}$ 的差值度量。其余变量同后者的处理方式。

定效应可能会出现过度控制(over-controlling)的现象(Mian et al., 2017)。因此,本章的基准模型中没有控制时间固定效应,但是在随后会加入时间固定效应进行稳健性检验。

在探究家庭部门债务扩张对未来金融稳定的影响时,由于被解释变量金融稳定采用的是一国 t 期至 $t+3$ 期是否发生过金融危机这一虚拟变量进行衡量,为了避免线性概率模型(Linear Probability Model)中可能出现被解释变量小于 0 或者大于 1 的情况,所以对应的数据分析也应当采用标准的二元面板离散选择模型。

对应的被解释变量 y 的两点分布概率为:

$$\begin{cases} P(y=1 \mid x) = F(x,\beta) \\ P(y=0 \mid x) = 1 - F(x,\beta) \end{cases} \tag{3-4}$$

其中 $F(x,\beta)$ 称为"连接函数",该函数将解释变量 x 和被解释变量 y 连接起来。二元面板离散选择模型有 Probit 模型和 Logit 模型两类,具体的选择依据连接函数的分布形式。如果连接函数为标准正态的累积分布函数,即分布形式满足下式:

$$P(y=1 \mid x) = F(x,\beta) = \Phi(x'\beta) \equiv \int_{-\infty}^{x'\beta} \varphi(t) dt \tag{3-5}$$

则应当采用 Probit 模型进行估计。如果连接函数为逻辑分布的累积分布函数,即满足下列形式:

$$P(y=1 \mid x) = F(x,\beta) = \Lambda(x'\beta) \equiv \frac{\exp(x'\beta)}{1+\exp(x'\beta)} \tag{3-6}$$

则应当采用 Logit 模型进行估计。在本部分的基准模型中,本章采用 Probit 模型进行探究,同时为了排除连接函数形式对本章结论的影响,在稳健性检验中进一步采取 Logit 模型进行实证分析。据此,本章采用模型(3-7)来探究家庭部门债务扩张对未来金融稳定的影响:

$$\begin{aligned} Probit\{Crisis_{i,t+n}=1\} = & \beta_1 \Delta_3 HouseholdDebt_{i,t-1} + \beta_2 \Delta_3 FirmDebt_{i,t-1} \\ & + \beta_3 \Delta_3 GovDebt_{i,t-1} + \beta_4 \Delta_3 Trade_{i,t-1} + \beta_5 \Delta_3 Capformation_{i,t-1} \\ & + \beta_6 \Delta_3 Inflation_{i,t-1} + \beta_7 \Delta_3 Population_{i,t-1} + \mu_i + \varepsilon_{i,t} \end{aligned} \tag{3-7}$$

与模型(3-3)一样,考虑到国家层面的数据可能存在相关关系,本章对模型(3-7)在国家层面进行聚类处理。

3.2.4　描述性统计

本部分所涉及各变量的描述性统计如表 3-1 所示。从表 3-1 来看，本部分的核心解释变量家庭部门债务变动的平均值为 3.4197，小于其标准差 5.5447，说明各经济体家庭部门债务变动情况的差异较大。为了检查解释变量之间是否存在多重共线性问题，本部分进行了方差膨胀因子(VIF)检验，结果表明，解释变量的 VIF 均小于 2，说明不存在明显的多重共线性问题。

表 3-1　变量描述性统计

变量	变量含义	观测值	平均值	标准差	最小值	最大值
$\Delta_3 RealGDP_{i,t+3}$	实际 GDP 变动	1,811	9.9805	8.4106	−40.6633	62.2237
$\Delta_3 HouseholdDebt_{i,t-1}$	家庭部门债务变动	1,811	3.4197	5.5447	−18.2652	32.9844
$\Delta_3 FirmDebt_{i,t-1}$	非金融企业部门债务变动	1,804	3.7558	16.8595	−251.6994	262.6978
$\Delta_3 GovDebt_{i,t-1}$	政府债务变动	1,643	−2.7927	20.2005	−221.9104	112.1511
$\Delta_3 Trade_{i,t-1}$	进出口贸易规模变动	1,753	0.0417	0.2040	−1.8741	4.8956
$\Delta_3 Capformation_{i,t-1}$	资本形成率变动	1,664	0.1887	5.3432	−33.7646	33.7935
$\Delta_3 Inflation_{i,t-1}$	通货膨胀率变动	1,760	−0.0119	0.1459	−3.1810	0.4680
$\Delta_3 Population_{i,t-1}$	人口增长变动	1,794	−0.0175	0.4452	−4.0572	4.4362
$Crisis$	t 至 $t+3$ 时期是否发生银行危机	1,656	0.1359	0.3428	0.0000	1.0000

3.3　实证结果及分析

3.3.1　家庭部门债务扩张对经济增长的影响

　　表 3-2 是以 t 期至 $t+3$ 期实际 GDP 变化幅度为被解释变量,以 $t-4$ 期至 $t-1$ 期家庭部门债务变动为核心解释变量的回归结果。其中表3-2的第(1)列为仅包含核心解释变量家庭部门债务变动的回归结果,第(2)列至第(4)列则是在第(1)列的基础上逐步加入非金融企业部门债务变动、政府部门债务变动以及其他控制变量变动的回归结果。表 3-2 的第(1)列至第(4)列在国家层面聚类处理,考虑到变量可能在同一时段内存在相关性,第(5)列进行了国家层面和年份层面的双重聚类处理。表 3-2 的结果表明,核心解释变量家庭部门债务变动前的系数均为负且在 1% 的统计性水平上显著,说明家庭部门债务扩张与经济体未来经济增长之间存在显著的负向相关关系,家庭债务水平占 GDP 比重短期内的增幅越大预示着随后的经济疲软程度越严重。该结论并不随着纳入控制变量的增加和聚类处理方式的改变而发生变化,说明上述结论具有稳健性。非金融企业部门债务变化前的系数显著为负,说明前期非金融企业部门的债务水平的迅速扩张也预示着后期信贷紧缩带来的经济下降程度加剧。但非金融企业部门债务变动前的系数显著性水平明显弱于家庭债务变动前系数的显著性,说明在本书研究样本中,相较于非金融企业部门债务扩张,家庭部门债务扩张对未来经济增长的负面影响更大。在此基础上,表 3-2 的结果显示,模型(3-3)中的其他控制变量前的系数并不显

著,说明这些变量前期的变动并不会明显影响未来经济增长。

表 3-2　家庭部门债务扩张对经济增长的影响

变量($t-4$ 期 至 $t-1$ 期)	经济增长($\Delta_3 RealGDP_{i,t+3}$)				
	(1)	(2)	(3)	(4)	(5)
$\Delta_3 HouseholdDebt_{i,t-1}$	−0.3696 ***	−0.3513 ***	−0.3515 ***	−0.3551 ***	−0.3551 ***
	(−6.0758)	(−5.5318)	(−5.3064)	(−4.8238)	(−3.8938)
$\Delta_3 FirmDebt_{i,t-1}$		−0.0215 **	−0.0186 **	−0.0211 **	−0.0211 **
		(−2.5819)	(−2.5291)	(−2.5038)	(−2.0972)
$\Delta_3 GovDebt_{i,t-1}$			−0.0116	−0.0030	−0.0030
			(−0.6375)	(−0.1484)	(−0.1344)
$\Delta_3 Trade_{i,t-1}$				−0.4644	−0.4644
				(−0.3000)	(−0.2590)
$\Delta_3 Capformation_{i,t-1}$				0.0149	0.0149
				(0.1924)	(0.1698)
$\Delta_3 Inflation_{i,t-1}$				−2.2761	−2.2761
				(−1.0159)	(−0.8821)
$\Delta_3 Population_{i,t-1}$				−0.0145	−0.0145
				(−0.0220)	(−0.0231)
常数项	11.2445 ***	11.2456 ***	10.9487 ***	10.9314 ***	10.9314 ***
	(54.0503)	(54.3746)	(50.1246)	(39.5695)	(18.1952)
固定效应	控制	控制	控制	控制	控制
$Adj-R^2$	0.4110	0.4138	0.4135	0.4146	0.4146
观测值	1811	1804	1643	1475	1475

注:*、**、*** 分别表示在 10%、5% 和 1% 统计性水平上显著;括号中为经过聚类处理以及异方差调整后的 z 值,其中第(1)至(4)列在国家层面进行聚类调整,第(5)列在国家和时间层面进行聚类调整。

3.3.2 家庭部门债务扩张对金融稳定的影响

表 3-3 是以 t 期至 $t+3$ 期一国是否发生金融危机为被解释变量，以 $t-4$ 期至 $t-1$ 期家庭部门债务变动为核心解释变量的回归结果。其中表 3-3 的第(1)列为仅包含核心解释变量家庭部门债务变动的回归结果，第(2)列至第(4)列则是在第(1)列的基础上逐步加入非金融企业部门债务变动、政府部门债务变动以及其他控制变量变动的回归结果。表 3-3 的第(1)列至第(4)列在国家层面聚类处理，考虑到变量可能在同一时段内存在相关性，第(5)列进行了国家层面和年份层面的双重聚类处理。从表 3-3 的结果可以看出，家庭部门债务变动前的系数均为正且大部分在 5% 的统计性水平上显著。这说明前期家庭部门债务短期上升的幅度越高，经济体未来发生金融危机的可能性越大。此外，非金融企业部门债务变动前的系数为正，且显著性高于家庭部门债务变动前的系数，说明前期非金融企业债务扩张也会对未来金融稳定产生明显的负面影响，加大金融危机发生的可能性。但政府部门债务水平的变动不会影响未来发生金融危机的可能性。

表 3-3　家庭部门债务扩张对金融稳定的影响

变量($t-4$ 期 至 $t-1$ 期)	金融稳定($Probit\{Crisis_{i,t+n}=1\}$)				
	(1)	(2)	(3)	(4)	(5)
$\Delta_3 HouseholdDebt_{i,t-1}$	0.0443 ***	0.0317 **	0.0397 **	0.0592 ***	0.0592 **
	(3.0617)	(2.0978)	(2.2427)	(2.7360)	(2.4998)
$\Delta_3 FirmDebt_{i,t-1}$		0.0141 ***	0.0155 ***	0.0160 **	0.0160 **
		(2.7386)	(2.6675)	(2.3618)	(2.3100)

续　表

变量($t-4$ 期至 $t-1$ 期)	金融稳定($Probit\{Crisis_{i,t+n}=1\}$)				
	(1)	(2)	(3)	(4)	(5)
$\Delta_3 GovDebt_{i,t-1}$			0.0121	0.0051	0.0051
			(1.4783)	(0.6133)	(0.6073)
$\Delta_3 Trade_{i,t-1}$				0.3779	0.3779
				(0.7503)	(0.5128)
$\Delta_3 Capformation_{i,t-1}$				$-0.0697***$	$-0.0697***$
				(−3.1819)	(−2.7266)
$\Delta_3 Inflation_{i,t-1}$				$-1.0287**$	$-1.0287*$
				(−2.1377)	(−1.9547)
$\Delta_3 Population_{i,t-1}$				0.0238	0.0238
				(0.0720)	(0.0682)
常数项	$-0.3313***$	$-0.2979***$	$-0.3834***$	$-0.3739***$	$-0.3739**$
	(−76.1589)	(−26.4957)	(−4.5849)	(−5.3084)	(−2.5548)
固定效应	控制	控制	控制	控制	控制
$P-R^2$	0.1448	0.1657	0.1873	0.2194	0.2194
观测值	850	850	787	756	756

注：*、**、*** 分别表示在 10%、5% 和 1% 统计性水平上显著；括号中为经过聚类处理以及异方差调整后的 z 值，其中第(1)至(4)列在国家层面进行聚类调整，第(5)列在国家和时间层面进行聚类调整。

3.3.3　实证结果分析

表 3-2 和表 3-3 的结果显示，家庭部门债务扩张的幅度越大，对未来经济增长的负面影响越大，同时也会对经济体金融体系的稳定性产

生明显的负向作用,增加经济体发生金融危机的概率。这主要是因为一方面,家庭部门债务扩张时期,家庭部门内部收入水平较低、财富积累较少的家庭借贷门槛下降,更容易获得贷款,而收入水平较高、财富积累较多的家庭则不具备较强的借贷动机。相较而言,前者发生违约行为的可能性更高。随着家庭部门内部金融风险的不断积累,家庭债务风险向银行等金融机构的资产端传递。一旦受到负面冲击,债务风险将可能引致整体经济部门的系统性风险加剧,最终导致经济衰退,甚至引发金融危机。另一方面,债务扩张导致劳动生产率水平较低的行业迅速发展、吸引更多劳动力流向生产率水平较低的行业,加剧人力资本在不同劳动生产率部门间的错配程度,降低了整体的生产率水平,从而对未来经济发展产生不利影响。

通过分析纳入模型的控制变量系数,可以得到其他控制变量变动对未来经济增长和金融稳定的作用效果。具体而言,非金融企业部门债务扩张幅度的增加同样会对未来经济增长产生负面影响,同时加剧金融体系的不稳定性。而政府部门债务扩张幅度的增加则不会对未来经济增长和金融稳定产生明显的作用效果。这说明,相较而言,私人部门债务扩张对宏观经济的影响更明显。此外,随着一国资本积累水平程度的增加,经济体发生金融危机的概率会显著下降,与马勇等(2016)的发现保持一致。而一国通货膨胀水平的增加,也有助于降低金融危机发生的可能性。此结论似乎与传统的理论不符,但事实上,现阶段有关金融周期性变化与通货膨胀之间的关联并不明确,通货膨胀的增加并不一定意味着债务的扩张。

3.4　稳健性检验

为了确保本部分上述主要结论的稳健性,本节参考 Mian et al. (2017)的研究,采用以下方式对模型(3-3)进行稳健性检验:(1)采用 Arellano 和 Bond(1991)的广义矩估计方法处理内生性对本章结论的影响。(2)考虑经济增长趋势对本章结论的影响。(3)加入时间固定效应。(4)分别考察家庭部门债务水平增加和减少对经济增长的影响差异。

虽然本章采用 $t-1$ 期至 $t-4$ 期的家庭部门债务变动幅度作为核心解释变量,而采用 t 期至 $t+3$ 期实际 GDP 的变动幅度作为被解释变量,在一定程度上减轻了被解释变量和核心解释变量之间可能存在的反向因果联系,但是仍需考虑内生性问题的影响,因此为了进一步减轻可能存在的内生性问题对本章结论的影响,本小节采用广义矩估计方法(GMM)对基准模型进行稳健性检验。同时考虑到被解释变量 t 期至 $t+3$ 期实际 GDP 的变动幅度可能与前期存在一定的相关性,因此采用动态面板 GMM 进行估计。此处将 $t-1$ 期至 $t-4$ 期的家庭部门债务变动幅度以及 $t-1$ 期至 $t-4$ 期的非金融企业部门债务变动幅度作为内生变量,采用它们的滞后期作为工具变量,结果如表 3-4 第(1)列所示,核心解释变量家庭部门债务变动前的系数依旧为负,且在 1% 的统计性水平上显著。即家庭部门债务扩张的幅度越大对未来经济增长的负向作用越大,与基准模型的主要结论保持一致。本章采用 Arellano-Bond test 检验残差序列相关问题,发现 AR(1) 为 0.01,同时 AR(2) 为 0.973,说明扰动项的差分存在一阶自相关但不存在二阶自相关,因此采用 GMM 进行估计是合理的,结果不受残差序列相关问题的影响。此外,利用 Hansen J 检验对工具变量的有效性进行检验,P 值大于 0.1,通过了 Hansen J 检验,说明估计所选择的工具变量是有效的,实证结果是可信的。

由于经济增长具有一定的可持续性,因此有必要考虑经济增长的时间趋势对本章结论的影响。本部分按照 Mian et al.(2017)的研究方法在模型(3-3)的基础上加入了代表经济增长趋势的变量,构建如下模型(3-8):

$$\Delta_3 RealGDP_{i,t+3} = \beta_1 \Delta_3 HouseholdDebt_{i,t-1} + \beta_2 \Delta_3 FirmDebt_{i,t-1}$$

$$+ \beta_3 L.\Delta RealGDP_{i,t} + \beta_4 L2.\Delta RealGDP_{i,t}$$

$$+ \beta_5 L3.\Delta RealGDP_{i,t} + \beta_i \Delta_3 CV_{i,t-1} + \mu_i + \varepsilon_{i,t} \qquad (3\text{-}8)$$

其中 CV 为模型(3-3)中的其他控制变量,$L.\Delta RealGDP_{i,t}$、$L2.\Delta RealGDP_{i,t}$ 以及 $L3.\Delta RealGDP_{i,t}$ 分别表示 $t-1$ 期至 $t-2$ 期的 GDP 变化幅度、$t-2$ 期至 $t-3$ 期 GDP 变化幅度和 $t-3$ 期至 $t-4$ 期 GDP 变化幅度,代表了经济发展的时间趋势,有利于控制 $t-1$ 期至 $t-4$ 期家庭部门债务变动时其他宏观经济变量的变化对经济的影响。相关回归结果列示于表 3-4 的第(2)列,第(2)列的结果表明,家庭部门债务变动前的系数依旧为负且在 1% 的统计性水平上显著,与本章基准模型的主要结论保持一致,说明上述结论是稳健的。

此外,在本章的基准模型中,仅控制了国家层面的固定效应,这是因为本章采用滞后多期的家庭部门债务变动幅度进行实证分析,与被解释变量经济增长存在跨期的时间关系,因此控制单期的时间固定效应并不合适,还可能存在过度控制的现象。采用稳健性检验(2)中控制经济增长的时间趋势可以较好的替代时间固定效应。但是,出于对本章结论稳健性的考察,本小节仍尝试在基准模型的基础上控制时间固定效应,相关回归结果如表 3-4 的第(3)列所示。第(3)列的结果表明,控制时间固定效应后,核心解释变量前的系数仍在 1% 的统计性水平上显著为负,进一步说明本章所得家庭部门债务扩张对未来经济增长存在负面影响的结论具有较强的稳健性。

进一步地,本小节区分了家庭部门债务正向变动和负向变动的时期,分别探究家庭部门债务水平增加和减少对经济增长的影响,结果如

表 3-4 的第(4)列所示。回归结果表明,$\Delta_3 Capformation_{i,t-1}(>0)$前的系数依旧显著为负,说明家庭部门债务扩张对未来经济增长存在明显的负面影响。而 $\Delta_3 HouseholdDebt_{i,t-1}(\leqslant 0)$ 前的系数并不显著,说明家庭部门债务的下降并不意味着会对未来经济增长产生正向影响,家庭部门债务变动对经济增长的影响具有非对称性,与 Mian et al.(2017)的研究结论保持一致。

表 3-4　家庭部门债务扩张对经济增长的影响(稳健性检验)

变量($t-4$ 期至 $t-1$ 期)	经济增长($\Delta_3 FirmDebt_{i,t-1}$)			
	(1)	(2)	(3)	(4)
$L.\Delta_3 IncomeEqM_{i,t-1}$	0.6985 ***			
	(21.8287)			
$\Delta_3 HouseholdDebt_{i,t-1}$	−0.1932 ***	−0.3232 ***	−0.2958 ***	
	(−4.6153)	(−4.3278)	(−4.0074)	
$\Delta_3 FirmDebt_{i,t-1}$	0.0079	−0.0302 ***	−0.0234 ***	−0.0276 ***
	(0.8084)	(−4.3198)	(−2.7058)	(−3.0959)
$\Delta_3 GovDebt_{i,t-1}$	−0.0125	0.0055	−0.0075	−0.0032
	(−0.5642)	(0.1213)	(−0.4373)	(−0.1767)
$\Delta_3 Trade_{i,t-1}$	−2.6116 **	−1.5165	−0.0799	−0.0815
	(−2.0092)	(−0.9485)	(−0.0519)	(−0.0543)
$\Delta_3 Capformation_{i,t-1}$	−0.1321 **	−0.0976	0.0401	0.0623
	(−2.0267)	(−1.4228)	(0.5549)	(0.8849)
$\Delta_3 Inflation_{i,t-1}$	−0.2875	−10.2112 ***	−1.0139	−1.1958
	(−0.1082)	(−2.7456)	(−0.5753)	(−0.8911)
$\Delta_3 Population_{i,t-1}$	−0.1437	−0.4000	−0.0620	0.1217
	(−0.3442)	(−0.6926)	(−0.1041)	(0.2038)

续　表

变量($t-4$期 至$t-1$期)	经济增长($\Delta_3 FirmDebt_{i,t-1}$)			
	(1)	(2)	(3)	(4)
$L.\Delta RealGDP_{i,t}$		-0.0193		
		(-0.2030)		
$L2.\Delta RealGDP_{i,t}$		0.1140		
		(1.3956)		
$L3.\Delta RealGDP_{i,t}$		0.1831 *		
		(1.7411)		
$\Delta_3 HouseholdDebt_{i,t-1}(>0)$				-0.4814 ***
				(-4.6767)
$\Delta_3 HouseholdDebt_{i,t-1}(\leqslant0)$				0.2603
				(1.3274)
常数项		9.1651 ***	10.7060 ***	11.8340 ***
		(9.3649)	(38.4144)	(24.3641)
国家层面固定效应	控制	控制	控制	控制
年份固定效应			控制	控制
$AR(1)$	0.0120			
$AR(2)$	0.8660			
$Hansen-J$	1.0000			
$Adj-R^2$		0.4377	0.5329	0.5449
观测值	1257	1085	1474	1474

注：* 、** 、*** 分别表示在 10%、5% 和 1% 统计性水平上显著；括号中为经过聚类处理以及异方差调整后的 z 值。

为了保证模型(3-7)回归结果的稳健性,本章采用如下方式重新进行相关回归:(1)采用 Logit 模型进行回归估计。(2)考虑经济增长趋势对本章结论的影响。(3)考虑全球家庭债务周期对本章结论的影响。(4)分别考察家庭部门债务水平增加和减少对金融稳定的影响。

考虑到无法确定连接函数的分布形式,为了使本章结论更稳健,本小节采用 Logit 模型对基准模型重新进行实证回归,回归结果列示于表3-5 第(1)列。结果表明,采用 Logit 模型后,核心解释变量家庭部门债务变动前的系数为正,且在 1% 的统计性水平上显著,说明家庭部门债务扩张对经济体未来金融稳定存在负面影响,会加大金融危机发生的可能性,基准模型的结论具有稳健性。

表 3-5 的第(2)列和第(4)列是在考虑经济增长趋势的情况下分别采用 Logit 模型和 Probit 模型的回归结果。结果同样表明,家庭部门债务增加幅度越大,后期发生金融危机的可能性越高。

随着金融自由化、全球一体化进程的不断深入,一国家庭部门债务变动的宏观经济效应也可能受到其他国家家庭部门金融周期影响。全球性的家庭部门债务周期协同效应可能会使金融风险在国家与国家间进行传递,从而加剧经济体金融不稳定程度,因此本部分进一步控制上述因素对本章结论的影响。本小节采用全球债务数据库中各国家庭部门债务水平加总获得全球家庭部门信贷总量,随后剔除 t 年 i 国的家庭部门信贷,获取 t 年 i 国所面临的其他国家的家庭债务总量,避免重复计算。采用其他国家家庭债务总量 $t-4$ 期至 $t-1$ 期的变化幅度构建全球家庭部门债务变动指数(记为 $Global_{-i}\Delta_3 HouseholdDebt_{t-1}$)。同样为了控制非金融企业部门全球债务的协同变化,按照此方式构建全球非金融企业部门债务变动指标(记为 $Global_{-i}\Delta_3 FirmDebt_{t-1}$)。加入上述控制变量的回归结果如表 3-5 第(3)列(Logit 模型)和第(5)列(Probit 模型)所示,结果显示核心解释变量前的系数依旧显著为正,进一步说明本章的结论具有稳健性。

表 3-5 的第(6)列则是区分了家庭部门债务正向变动和负向变动后,探究家庭部门债务变动对未来金融稳定的影响。$\Delta_3 HouseholdDebt_{i,t-1}(>0)$ 前的系数为正且显著,$\Delta_3 HouseholdDebt_{i,t-1}(\leqslant 0)$ 前的系数不显著。这说明家庭部门债务的下降并不意味着会对未来金融稳定产生正向影响,家庭部门债务变动对金融稳定的影响同样具有非对称性。

表 3-5　家庭部门债务扩张对金融稳定的影响(稳健性检验)

变量($t-4$ 期至 $t-1$ 期)	金融稳定					
	Logit 模型			Probit 模型		
	(1)	(2)	(3)	(4)	(5)	(6)
$\Delta_3 HouseholdDebt_{i,t-1}$	0.1051 ***	0.1024 **	0.0715 **	0.0574 **	0.0415 **	
	(2.6768)	(2.3408)	(2.0018)	(2.3796)	(2.1054)	
$\Delta_3 FirmDebt_{i,t-1}$	0.0292 **	0.0269 *	0.0421 **	0.0154 **	0.0209 **	0.0261 **
	(2.0474)	(1.8895)	(2.1633)	(2.1974)	(2.3054)	(2.3309)
$\Delta_3 GovDebt_{i,t-1}$	0.0084	0.0161	0.0079	0.0086	0.0046	0.0084
	(0.5861)	(0.7633)	(0.5110)	(0.7255)	(0.5483)	(0.5776)
$\Delta_3 Trade_{i,t-1}$	0.5396	−0.0887	0.0732	−0.0217	0.1382	−1.3986
	(0.6093)	(−0.0966)	(0.0771)	(−0.0429)	(0.2727)	(−1.4690)
$\Delta_3 Capformation_{i,t-1}$	−0.1173 ***	−0.0499	−0.1432 ***	−0.0340	−0.0835 ***	−0.1954 ***
	(−3.1008)	(−0.8560)	(−3.3329)	(−0.9566)	(−3.4855)	(−4.8303)
$\Delta_3 Inflation_{i,t-1}$	−1.7974 **	3.6010 **	−2.1415 **	1.9801 **	−1.1940 **	−0.9830 **
	(−2.1313)	(2.4116)	(−2.3160)	(2.3183)	(−2.2797)	(−2.1901)
$\Delta_3 Population_{i,t-1}$	−0.0083	−0.0843	−0.1284	−0.0371	−0.0614	−0.2031
	(−0.0146)	(−0.1381)	(−0.2233)	(−0.1007)	(−0.1834)	(−0.4890)
$L.\Delta RealGDP_{i,t}$		−0.0540			−0.0290	
		(−0.9754)			(−0.9431)	

续　表

变量($t-4$ 期至 $t-1$ 期)	金融稳定					
	Logit 模型			Probit 模型		
	(1)	(2)	(3)	(4)	(5)	(6)
$L2.\Delta RealGDP_{i,t}$		-0.0575		-0.0324		
		(-1.2013)		(-1.2047)		
$L3.\Delta RealGDP_{i,t}$		$-0.1131**$		$-0.0648**$		
		(-1.9762)		(-2.0535)		
$Global_{-i}\Delta_3 HouseholdDebt_{t-1}$			$0.0048***$		$0.0027***$	
			(3.6709)		(3.5480)	
$Global_{-i}\Delta_3 FirmDebt_{t-1}$			$-0.0019***$		$-0.0010***$	
			(-4.1114)		(-3.9695)	
$\Delta_3 HouseholdDebt_{i,t-1}(>0)$						$0.0870***$
						(3.2404)
$\Delta_3 HouseholdDebt_{i,t-1}(\leqslant 0)$						-0.0819
						(-1.2886)
常数项	$-0.5727***$	$-2.3804**$	$-1.3838***$	$-1.3423***$	$-0.8594***$	$-0.8891*$
	(-4.5731)	(-2.4284)	(-3.7118)	(-3.1016)	(-3.8418)	(-1.8715)
固定效应	控制	控制	控制	控制	控制	控制
$P-R^2$	0.2201	0.2275	0.2636	0.2262	0.2622	0.4323
观测值	756	608	756	608	756	645

注：*、**、*** 分别表示在 10%、5% 和 1% 统计性水平上显著；括号中为经过聚类处理以及异方差调整后的 z 值。

3.5 经济发展水平与家庭部门债务
扩张经济金融效应

现有研究更多集中于探究发达经济体家庭部门债务扩张对宏观经济的影响。例如,杨攻研和刘洪忠(2015)采用 18 个典型发达国家为研究样本,Jordà et al.(2016)的研究也集中于 17 个发达经济体。虽然Mian et al.(2017)采用了国际清算银行数据库提供的家庭部门债务数据将样本扩展至 30 个国家,但发达国家仍占据相当大的比例。对于发展中国家的研究更多地聚焦于单个国家的微观视角,例如 Garber et al.(2018)以巴西经济为例探究家庭部门债务扩张与经济衰退的关联。事实上,发达国家和发展中国家家庭部门债务扩张的经济效应可能存在一定差异。经验事实表明,发达经济体平均家庭债务扩张幅度(4.4%)显著高于发展中经济体平均家庭债务扩张幅度(2.8%)。这可能意味着家庭部门债务相同的扩张幅度对发达国家和发展中国家宏观经济金融的影响可能存在差异。因此有必要进一步考察处于不同经济发展阶段的经济体,家庭部门债务扩张对经济增长和金融稳定的影响是否存在差异。基于此目的,本小节按照一国是否属于发达国家[①],将样本分为发达国家和发展中国家两类,进行分样本回归,相关回归结果如表 3-6所示。

---

① 本书样本中的发达国家为:日本、韩国、新加坡、以色列、法国、德国、荷兰、丹麦、芬兰、卢森堡、英国、瑞士、瑞典、奥地利、比利时、挪威、意大利、西班牙、爱尔兰、冰岛、美国、加拿大、新西兰和澳大利亚。因此分样本回归中,发达国家分样本回归包含上述 24个国家,发展中国家分样本回归则剔除了上述国家。

表 3-6　经济发展水平与家庭部门债务扩张经济金融效应

变量($t-4$ 期 至 $t-1$ 期)	经济增长($\Delta_3 RealGDP_{i,t+3}$)		金融稳定($Probit\{Crisis_{i,t+n}=1\}$)	
	发达国家	发展中国家	发达国家	发展中国家
	(1)	(2)	(3)	(4)
$\Delta_3 HouseholdDebt_{i,t-1}$	-0.3705***	-0.3616***	0.0688**	0.0392*
	(-3.5591)	(-3.4471)	(2.0812)	(1.8979)
$\Delta_3 FirmDebt_{i,t-1}$	-0.0147	-0.0466*	0.0114	0.0356**
	(-1.6232)	(-1.6877)	(1.5700)	(2.4923)
$\Delta_3 GovDebt_{i,t-1}$	-0.0503	0.0010	0.6528	-0.0003
	(-1.0350)	(0.0450)	(1.1625)	(-0.0592)
$\Delta_3 Trade_{i,t-1}$	-0.4290	-0.6869	0.0157	0.5849
	(-0.1556)	(-0.3645)	(0.8180)	(0.7527)
$\Delta_3 Capformation_{i,t-1}$	-0.0552	0.0388	-0.0363	-0.0898***
	(-0.3196)	(0.4129)	(-0.9817)	(-3.6879)
$\Delta_3 Inflation_{i,t-1}$	-14.2432	-1.7021	-0.6395	-1.1406***
	(-1.6407)	(-0.7430)	(-0.3193)	(-2.9664)
$\Delta_3 Population_{i,t-1}$	-0.8108	2.0877	-0.1642	0.6663*
	(-1.0075)	(1.1009)	(-0.4812)	(1.6453)
常数项	9.7053***	11.9875***	-0.8820**	-0.3123
	(21.5907)	(34.6461)	(-2.2268)	(-1.0062)
固定效应	控制	控制	控制	控制
Adj$-$R^2	0.4471	0.3744		
P$-$R^2			0.1870	0.2883
观测值	619	856	484	272

注：*、**、***分别表示在 10%、5% 和 1% 统计性水平上显著；括号中为经过聚类处理以及异方差调整后的 z 值。

表 3-6 第（1）列和第（3）列的结果分别是被解释变量为经济增长和金融稳定时发达国家样本的回归结果。第（2）列和第（4）列分别是被解释变量为经济增长和金融稳定时发展中国家的回归结果。结果表明，当被解释变量为经济增长时，核心解释变量家庭部门债务变动前的系数均在 1％的统计性水平上显著为负。而当被解释变量为金融稳定时，发达国家分样本回归中，家庭部门债务变动前的系数在 5％的统计性水平上显著为正，而在发展中国家分样本回归中，家庭部门债务变动前的系数在 10％的统计性水平上显著为正。上述结论说明无论是在发达国家还是发展中国家，家庭部门债务扩张均会对未来经济增长和金融稳定产生负面影响。但通过观察系数大小和显著性水平发现，在发达国家中，家庭部门债务扩张对金融稳定的负面影响更大，更容易引起金融危机的发生。此外，分析其他控制变量发现，在发达国家样本回归中，无论被解释变量为经济增长还是金融稳定，非金融企业部门债务变动前的系数均不显著。而在发展中国家样本回归中，当被解释变量为经济增长时，非金融企业部门债务变动前的系数在 10％的统计性水平上显著为负，当被解释变量为金融稳定时，非金融企业部门债务变动前的系数在 5％的统计性水平上显著为正。说明相较而言，非金融企业部门债务扩张对未来经济增长和金融稳定的负面影响在发展中国家表现得更明显，而对发达国家经济增长、金融稳定则不存在明显的作用效果。上述结论在一定程度上解释了为何金融危机之后，大部分研究认为家庭部门债务水平变动对宏观经济的影响重要性逐渐增加，甚至超过非金融企业部门债务变动对经济的影响，开始占据主要的地位（Mian et al.，2017；Mian 和 Sufi，2018b）。上述论断可能与现有跨国分析研究大部分集中于探究发达国家家庭部门和非金融企业部门债务变动的经济金融效应有关。事实上，本小节的结论表明，对于发达国家而言，家庭部门债务水平变动逐渐成为影响经济增长、金融稳定的重要因素，而非金融企业部门债务的变动对经济金融的影响并不明显。但对于发展中国家而言，非金融企业部门债务扩张对未来经济增长和金融稳定的负面影响

仍不容忽视。发达国家和发展中国家这一差异可能与经济体金融发展水平和家庭生活水平有关。发达国家家庭收入水平较高,且拥有更发达的金融系统,家庭参与金融活动的动机更强,也更容易获得参与金融活动的渠道,家庭的债务水平与金融体系存在更密切的相关性,因此家庭违约行为也更易导致金融风险。同时,由于发达国家的金融系统更为健全,企业征信机制较为完善,降低了非金融企业与金融机构之间的信息不对称性,因此从事前抑制了大规模企业发生违约行为的可能性,从而降低了非金融企业部门债务扩张对未来经济增长、金融稳定的负面影响。但对于发展中国家而言,非金融企业与金融机构之间的信息不对称性较强,因此非金融企业部门债务扩张对发展中国家未来经济金融可能产生的影响仍不容忽视。

3.6　本章小结

本部分在对现有文献进行梳理并进行理论分析的基础上,运用 135 个国家和地区(经济体)1960 年至 2016 年的非平衡面板数据,实证检验了家庭部门债务扩张对经济体未来经济增长和金融稳定的影响。实证结果显示:第一,家庭部门债务扩张会对未来经济增长产生负面影响,导致经济增速放缓,同时也会加大金融不稳定程度,增加发生金融危机的可能性;第二,与发展中国家相比,家庭部门债务扩张对经济发展水平更高的发达国家的金融稳定存在更大的负面影响。

本章的理论分析和实证结论表明,家庭部门债务扩张与未来经济衰退和金融稳定之间存在密切关联,家庭部门债务扩张会导致未来经济增速放缓,加大金融体系的脆弱性。因此,监管部门和宏观经济决策部门应警惕家庭部门债务扩张现象,在家庭部门债务呈现上涨趋势时,结合所处的经济现实,适当实施反周期的干预政策,在事前做好风险防范工作,避免因房地产价格等资产价格与家庭部门债务水平出现螺旋上升导致的资产价格泡沫产生。此外,本章发现,家庭部门债务扩张对金融稳定的负面影响在发达国家表现得更为明显。同时,非金融企业部门债务扩张对经济增长和金融稳定的影响在发达国家和发展中国家之间也存在明显差异。非金融企业部门债务扩张虽不会对发达国家经济增长、金融稳定产生显著影响,但对发展中国家未来经济增长和金融稳定仍存在明显的抑制效应。因此,监管部门和宏观经济决策部门在制定政策处理不同部门债务问题时,应充分考虑发达国家和发展中国家各经济部门债务变动宏观经济金融效应的差异,结合自身经济发展阶段采取合适的干预手段。

第4章 资金供给驱动因素视角下家庭债务扩张对经济增长和金融稳定的影响

4.1 导言

本书的第3章采用135个国家和地区1960年至2016年的样本探究了家庭部门债务扩张对经济增长和金融稳定的影响,在此基础上,进一步考察了处于不同经济发展阶段的经济体家庭部门债务扩张经济金融效应的异质性。研究发现,家庭部门债务扩张会对未来经济增长和金融稳定产生明显的负面影响,在抑制未来经济发展的同时,也会加剧一国金融不稳定程度。与发展中国家相比,家庭部门债务扩张对经济发展水平更高的发达国家的金融稳定存在更大的负面影响。

除了处于不同发展阶段经济体家庭部门债务扩张经济金融效应可能存在异质性外,从国际经验来看,不同因素引起的家庭部门债务变动对于经济发展、金融稳定的意义可能是不同的。众所周知,由国际资本大幅流入引起的债务扩张更可能引起经济体特别是新兴经济体经济动荡。2008年金融危机发生后,美国等主要经济体出于振兴自身经济的目的,实施了较长时间的量化宽松政策。发达经济体实施量化宽松政策导致国际资本大量涌入新兴市场国家,推动了新兴市场国家家庭部门债务水平大幅扩张。这些国家在经历了由国际资本流入推动的家庭部门债务扩张阶段后,出现了明显的经济衰退现象。而与之不同的是,由生产率水平提高引起的家庭部门债务扩张往往体现经济部门自主达到新的均衡,并不意味着会对未来经济金融产生负面影响。例如,20世纪60年代开始,随着产业结构优化、创新水平发展,韩国的生产率水平不断提高,在此阶段韩国的家庭部门债务水平也出现了明显的上涨,由3.32%(1966年家庭债务占GDP比重)扩张至40.79%(1990年家庭债务占GDP比重)。但在此期间,韩国经济保持持续上涨,创造了"江汉奇迹"。

上述经验事实可能意味着,不同因素驱动的家庭债务扩张宏观经济、金融效应可能存在差异,因此有必要从家庭部门债务扩张驱动因素的角度,考察家庭部门债务扩张对经济增长和金融稳定影响的异质性。由于家庭部门债务扩张可能源于对家庭部门资金供给的增加也可能源于家庭部门自身资金需求的增加,而基于资金供给和资金需求驱动的家庭债务扩张往往反映了家庭面临的经济环境和行为动机的差异,因此本书分别从影响家庭债务扩张的资金供给方驱动因素变化和资金需求方驱动因素变化来考察家庭部门债务扩张经济金融效应的异质性。

本章重点是从影响家庭债务扩张的资金供给方驱动因素的角度考察家庭部门债务扩张对经济增长和金融稳定影响的异质性。本书第5章将进一步从家庭债务扩张的资金需求方驱动因素的角度考察家庭部门债务扩张对经济增长和金融稳定影响的异质性。

基于上述研究目的,本章采用跨国面板数据,实证分析了主要影响家庭部门债务扩张的四个资金供给方驱动因素,即国外资本流入、一国金融发展水平、货币政策宽松程度以及收入不平等程度的变化对家庭部门债务扩张与经济增长和金融稳定之间关联的影响。研究结论表明:第一,国外资本流入的增加会显著放大家庭部门债务扩张对未来经济增长的负面影响,且上述效应主要由证券投资及其他投资等短期资本流入的增加导致,而直接投资资本流入的增加则不会产生上述效应。

第二,经济发展水平提升和货币政策宽松程度的增加会放大家庭部门债务扩张对经济增长和金融稳定的负面影响。同时,相较于直接融资为主的金融市场的发展,以间接融资为主的金融中介的发展对家庭部门债务扩张经济金融效应的放大作用更明显。第三,经济收入不平等程度的增加反而有助于抑制家庭部门债务扩张对金融稳定的负面影响,但不会对家庭部门债务扩张与经济增长之间的关联产生明显的作用效果。

本章从影响家庭债务扩张的资金供给方驱动因素的角度考察家庭部门债务扩张对经济增长和金融稳定影响的异质性,为客观评价家庭部门债务扩张对未来宏观经济金融的影响提供了基于资金供给影响因素视角的经验证据。

4.2　理论分析和研究假设

4.2.1　资本流入与家庭部门债务扩张对经济增长和金融稳定的影响

从现有文献来看,国外资本流入的增加一方面会放大家庭部门债务扩张时期家庭对未来经济发展的乐观情绪,减少防御性储蓄动机,增加家庭过度负债的可能性,积聚系统性风险;另一方面,相较于国内资本而言,国外资本国际流动性更强,具有更高的逐利性,因此一旦东道国经济受到负面冲击,国外资本更可能流出,放大负面冲击对东道国经济、金融的影响。因此,理论上,伴随着国外资本流入增加的家庭债务扩张对未来经济增长和金融稳定的负面影响更明显。Mckinnon 和 Pill (1997)发现经济体金融自由化后,大量国外资本流入增加了包括家庭部门在内的各经济部门面对的资金供给,表现为国内储蓄水平不断下降的同时,各经济部门债务水平出现明显上涨。Mckinnon 和 Pill(1997)发现这些国家在其后往往经历了明显的经济动荡时期,这主要是因为由国外资本流入增加资金供给推动的债务扩张更容易在受到负面冲击时因国外资本外逃而产生更明显的信贷紧缩现象。同时,资本大量流入也会放大国内乐观情绪,促使家庭等经济主体出现过度负债行为。Jeanne 和 Korinek(2010)发现由大量国外资本流入引起的债务迅速扩张更容易受到负面冲击的影响,引发严重的经济、金融波动。Bianchi 和 Mendoza(2010)认为采用反周期资本监管等方式对国外资本流入、流出行为进行限制有利于提高一国金融体系的稳定程度。Fernandez et al.(2015)也认为采用反周期的资本管制措施,可以帮助减轻国外资本"大进大出"引起的金融周期变动对一国经济的危害。Mian et al.(2017)采用 30 个国家和地区面板数据对家庭债务变动问题宏观经济效应进行实证研究时发现,如果家庭部门债务扩张时期伴随着明显的国外资本流入现象,则此时家庭债务扩张对未来经济增长的负面影响更大。

据此,本章提出实证假设 H1。

H1:国外资本流入的增加会放大家庭部门债务扩张对未来经济增长和金融稳定的负面影响。

按照国际资本流入的目的差异,国际资本流入可以分为直接投资资本流入和证券投资及其他投资资本流入。不同类型的资本流入目的、性质以及期限均存在较大差异。那么不同类型资本流入变动对家庭部门债务扩张与经济增长、金融稳定关联的影响是否存在差异呢?理论上,证券投资和其他投资资本流入的逐利性较强,投资期限相对较短,容易受到短期波动的影响。而直接投资资本流入则更多出于战略发展目标,代表出于扩张自身业务规模、发展自身技术水平等目的的投资活动,因此投资期限相对较长,也不容易受到经济短期波动的影响(谭小芬等,2018)。Sula 和 Willett(2009)在对不同类型的资本流入和流出现象进行分析时发现,直接投资的资本流入是最稳定的资本流入,通常在短期内不会发生较大的变动。而证券投资和其他投资资本流入则具有较强的逆转性,稳定性较差。当东道国经济受到负面冲击,由于证券投资和其他投资资本更可能发生资本外逃现象,因此更可能放大前期家庭债务扩张对未来经济增长、金融稳定的负面影响,基于此,本章提出实证假设 H2。

H2:相较于直接投资资本流入的增加,证券投资和其他投资资本流入的增加会对家庭债务扩张与经济增长、金融稳定之间的关联产生更明显的作用效果。

4.2.2　国内信贷环境与家庭债务扩张对经济增长和金融稳定的影响

一国金融发展水平的提高可以通过增加家庭部门获取资金的途径和可能性,降低家庭部门参与借贷活动的成本,使更多家庭从金融机构获得资金资源,增加债务水平。金融发展水平的提高,放宽了信贷配给程度,经济在达到新均衡的过程中,家庭债务水平会出现明显上升。但在这一过程中,如果市场发展不完善、银行信贷政策存在偏差,也可能使更多风险较高的个体获得了信贷资源,出现过度负债行为(Rinaldi 和 Arellano,2006)。Cynamon 和 Fazzari(2008)发现传统的生命周期理论模型已经无法解释美国家庭部门消费、债务变动情况。他们认为金融创新的发展影响了家庭借贷行为,家庭没有基于精心设计的跨期计划选择债务水平,而是承担了过多的债务,导致家庭金融脆弱性增强。Di Maggio 和 Kermani(2017)在探究美国州际银行管制放松政策对信贷供给的影响时发现,对银行管制的放松(代表着金融发展水平的增加)能够有效增加信贷供给水平。但在这期间,银行信贷宽松政策鼓励了银行向风险较高的借款人进行放款,从而导致衰退期家庭债务逾期、违约现象的增加。上述研究表明,金融发展水平提升虽然会推动家庭债务水平合理上升,但也会因为市场不完善、信息不对称等原因推动家庭过度负债,因此也可能放大家庭部门债务扩张对未来经济增长、金融稳定的负面影响。

当一国实施宽松货币政策时,由于增加了资金供给,也会推动家庭债务扩张。但实施过于宽松的货币政策,通常会导致金融机构事前筛选、事后监督的力度不足,使风险更高、信息不对称性更大的居民获取信贷资金的门槛下降,因此会导致金融风险在家庭部门内积累。Sufi (2015)发现在金融危机期间,如果实施宽松的信贷政策,反而使负债累累或者信用评分较低的家庭获得了额外的信贷支持。Agarwal et al. (2017)发现实施宽松的货币政策,会推动房地产价格上涨,从而刺激房屋净值贷款的增加,推动家庭债务扩张。同时,他们发现,在此过程中,收入水平最低的家庭债务水平出现明显上升,而收入水平较高的家庭债务水平没有发生明显的变化。信贷错配程度的增加,加大了未来家庭债务违约行为发生的可能性,影响经济增长和金融稳定。Krishnamurthy 和 Muir(2017)发现金融危机发生前贷息差较小,说明资金供应过多是金融危机发生的一个诱因。

基于此,本部分提出实证假设 H3。

H3:经济体金融发展水平提升和货币政策宽松程度的增加会放大家庭部门债务扩张对未来经济增长和金融稳定的负面影响。

4.2.3　收入不平等与家庭债务扩张对经济增长和金融稳定的影响

经济体收入不平等程度的增加会通过影响家庭部门内部资金供给结构性变化作用于家庭部门债务水平。[①] Kumhof et al.(2015)发现高收入人群更倾向于积累财富,因此当贫富差距进一步扩大时,高收入人

---

　　① 经济体收入不平等程度的增加也可能通过影响家庭资金需求作用于家庭部门债务水平,主要渠道为通过影响家庭攀比、维持现有社会地位的动机增加推动家庭债务水平增加。本章主要是从影响家庭部门债务变动的资金供给驱动因素的角度探究家庭部门债务变动经济金融效应的异质性,因此并不关注攀比动机等需求因素的影响。

群积累财富的行为相当于增加了低收入人群面临的资金供给,推动低收入人群增加债务水平。

从现有理论梳理来看,经济体收入不平等程度的增加对家庭部门债务扩张与经济增长和金融稳定之间的关联同时存在放大和抑制两种相反的作用效果。一方面,经济体收入不平等程度的增加可能会放大家庭部门债务扩张对经济金融的负面影响。经济收入不平等程度增加时,收入水平较高的家庭积累财富的行为,使低收入、低财富水平家庭面临的资金供给增加,推动此类家庭债务上涨。由于低收入家庭偿债能力较差,违约风险较高,加剧了家庭部门金融脆弱性。此时,家庭债务扩张可能对未来经济增长、金融稳定产生更大的负面影响。Barba 和 Pivetti(2008)发现在收入不平等程度加剧、收入分配持续变动的时期,中低收入人群的债务与收入比、债务与资产价值比以及需偿还债务的比例在所有人群中处于最高水平。因此,此时家庭部门债务扩张更多是由低收入家庭债务扩张驱动的。Di Maggio 和 Kermani(2017)发现相较而言低收入人群的边际消费倾向更大,因此一旦受到负面冲击,高杠杆低收入人群消费支出的下降幅度更明显,这会加剧经济波动,使一国经济经历更严重的衰退(Mian et al.2017)。

另一方面,经济体收入不平等程度的增加也可能抑制家庭部门债务扩张对经济金融的负面影响。相关研究认为,家庭部门内部高收入人群(资金提供方)和低收入人群(资金需求方)拥有不同的边际消费倾向和投资行为,在经济繁荣时期和经济衰退时期,两种家庭的金融决策和消费行为均存在明显差异。行为差异抵消了各自对经济的影响,因此有利于抑制家庭债务扩张对宏观经济金融的影响效果。Justiniano et al.(2015)发现耐心家庭和不耐心家庭的消费行为存在区别。因此在经济体陷入衰退时,政策制定者可以通过刺激耐心家庭的消费行为的方式来抵消部分不耐心家庭消费支出减少对经济的冲击。Kumhof et al.(2015)也认为,虽然在经济受到负面冲击时,低收入、高杠杆人群面临的偿债压力增加,但高收入人群在此阶段不同的行为方式有助于缓解低收入人群的偿债压力。在经济受到负面冲击时,高收入人群反而存在进一步增加金融资产的持有量以弥补负面冲击中损失的金融资产价值的动机,此行为相当于向低收入人群增加了资金供给,抑制了负面冲击对经济的影响。

上述理论分析表明,收入不平等程度的变化确实会影响家庭部门债务扩张的经济金融效应,但单从理论分析,难以判断收入不平等程度增加对家庭部门债务扩张与经济增长和金融稳定的关联影响的净效应,该净效应取决于上述放大和抑制作用的相对大小。因此,本部分针对两类文献,分别提出实证假设 H4-1 和 H4-2,在稍后利用实证分析的方式对此做出判断。

H4-1:收入不平等程度的增加会放大家庭部门债务扩张对经济增长和金融稳定的作用效果。

H4-2:收入不平等程度的增加有助于抑制家庭部门债务扩张对经济增长和金融稳定的作用效果。

4.3　研究设计

4.3.1　变量说明与数据来源

(1)国外资本流入变动。参考一般文献做法,本部分首先采用世界银行(World Bank)数据库提供的一国经常账户 $t-1$ 期、$t-2$ 期和 $t-3$ 期余额①相加构成的经常账户累计变动幅度。随后,根据国际收支平衡

---

① 由于经常账户余额是流量指标,采用三期流量加总的方式可以获得 $t-4$ 期至 $t-1$ 期时段内资本净流入,即可以反映此时段内资本流入的变动程度。

公式：经常账户变动＋资本与金融账户变动＝0，取经常账户累计变动幅度的相反数作为资本与金融账户累计变动幅度的衡量指标（记为 $\Delta_3 capitalaccount_{i,t-1}$），作为国外资本流入变动的代理变量，该指标越大，代表国外资本流入量越大。

（2）直接投资资本流入变动。一国直接投资资产表明本国居民购买国外资产的行为，因此代表直接投资资本的流出，同时一国直接投资负债，表示的是外国居民购买本国资产的行为，因此代表直接投资资本的流入。基于上述概念，本部分采用一国直接投资负债减去一国直接投资资产，二者的差额即为直接投资资本净流入。其中一国直接投资资产和直接投资负债数据均来源于国际货币基金组织（IMF）的金融稳健指标（FSI）数据库。在此基础上，采用 $t-1$ 期、$t-2$ 期以及 $t-3$ 期直接投资净流入余额之和构建 $t-4$ 期至 $t-1$ 期直接投资流入变动的代理变量（记为 $\Delta_3 FDI_{i,t-1}$）。同样的，该指标越大，表明在这一时期内国外直接投资资本流入越大。

（3）证券投资和其他投资资本流入变动。国际货币基金组织的金融稳健指标数据库中同样提供了一国证券投资资产、证券投资负债、其他投资资产以及其他投资负债数据。利用证券投资负债＋其他投资负债－证券投资资产－其他投资资产的公式构建每一期的证券投资和其他投资资本净流入指标，并利用 $t-1$ 期、$t-2$ 期以及 $t-3$ 期的数据＋总构建本部分证券投资和其他投资资本累计流入指标（记为 $\Delta_3 FPOI_{i,t-1}$），该指标越大，表明该时期证券投资和其他投资资本流入越多。

（4）金融发展水平变动。金融发展水平变动指标的数据来源于国际货币基金组织的金融发展指数数据库。该数据库提供了衡量一国金融发展水平的指标，从不同层次对一国金融发展水平进行度量。在本部分基准模型中，采用整体衡量指标 FD 指数作为代理变量。该指标由代表金融中介发展水平的 FI 指标和金融市场发展水平的 FM 指标构建。FI 指标（FM 指标）由分别衡量金融中介（市场）深度、金融中介（市场）资金可获得性以及金融中介（市场）效率的三个分指标构建而成。在本章的稳健性检验部分,分别采用 FI 指标和 FM 指标作为金融发展的替代指标,旨在探究以间接金融为主的金融中介发展水平和以直接金融为主的金融市场发展水平变动对家庭部门债务扩张经济金融效应的影响差异。采用上述指标 $t-4$ 期到 $t-1$ 期的变化作为该时期金融发展水平的变动指标(分别记为 $\Delta_3 FD_{i,t-1}$、$\Delta_3 FI_{i,t-1}$ 和 $\Delta_3 FM_{i,t-1}$)。指标越大表明在这一时期内一国金融体系发展水平提升得越多。

(5)货币政策宽松程度变动。本部分采用 M2 增长率的变化来衡量一国货币政策宽松程度的变动。M2 包括流通中的现金、活期存款、定期存款、储蓄存款以及其他存款,在一定程度上可以反映商业银行在内的金融机构的负债水平,因此也是常用的衡量金融发展水平的指标之一。但是随着金融创新的发展,金融机构负债资源的来源日益多元化,M2 与金融机构负债之间的关联逐渐减弱,因此在本部分将 M2 视作货币政策宽松程度的代理变量而非金融发展水平的代理变量。M2 增长率的变化与央行货币政策的实施息息相关,M2 增长率的下降通常表明此时央行实施紧缩性的货币政策,而 M2 增长率的持续增加则表明央行采用了更宽松的货币政策。M2 增长率的数据来源于世界银行数据库,采用 $t-4$ 期到 $t-1$ 期的变动作为基准模型中货币政策宽松程度的变动指标(记为 $\Delta_3 M2G_{i,t-1}$)。在稳健性检验部分,将进一步采用利率变动来指代货币政策宽松程度变化。

(6)收入不平等程度变动。衡量一国收入不平等程度变动的指标来自于 Solt(2016)构建的标准化世界收入不平等指标数据库(SWIID)。Solt(2016)采用两种方式估算各国的基尼系数:采用可支配收入计算和采用家庭市场收入计算。在本部分的基准模型部分,采用以可支配收入为标准计算的基尼系数 $t-4$ 期到 $t-1$ 期的变化程度作为收入不平等的代理指标(记为 $\Delta_3 IncomeEqD_{i,t-1}$)。在稳健性检验部分,本章选用家庭市场收入计算的基尼系数(记为 $\Delta_3 IncomeEqM_{i,t-1}$)作为收入不平等的代理变量。上述指标越大,意味着在这一时期一国贫富差距增加越多。

(7)家庭部门债务变动与其余控制变量。相关数据定义和数据来源与前文一致。

4.3.2　模型设定

本章采用模型(4-1)和模型(4-2)分别探究国外资本流入变动、金融发展水平变化、货币政策宽松程度的变动以及收入不平等程度的改变是否会影响家庭部门债务扩张对未来经济增长和金融稳定的作用效果：

$$\Delta_3 RealGDP_{i,t+3} = \alpha_1 \Delta_3 HouseholdDebt_{i,t-1} + \alpha_2 \Delta_3 Sfactor_{i,t-1}$$
$$+ \alpha_3 \Delta_3 HouseholdDebt_{i,t-1} \times \Delta_3 Sfactor_{i,t-1}$$
$$+ \alpha_4 \Delta_3 FirmDebt_{i,t-1} + \alpha_5 \Delta_3 GovDebt_{i,t-1}$$
$$+ \alpha_6 \Delta_3 Trade_{i,t-1} + \alpha_7 \Delta_3 Capformation_{i,t-1}$$
$$+ \alpha_8 \Delta_3 Inflation_{i,t-1} + \alpha_9 \Delta_3 Population_{i,t-1} + \mu_i + \varepsilon_{i,t}$$

$$(4-1)$$

$$Probit\{Crisis_{i,t+n} = 1\} = \beta_1 \Delta_3 HouseholdDebt_{i,t-1} + \beta_2 \Delta_3 Sfactor_{i,t-1}$$
$$+ \beta_3 \Delta_3 HouseholdDebt_{i,t-1} \times \Delta_3 Sfactor_{i,t-1} + \beta_4 \Delta_3 FirmDebt_{i,t-1}$$
$$+ \beta_5 \Delta_3 GovDebt_{i,t-1} + \beta_6 \Delta_3 Trade_{i,t-1} + \beta_7 \Delta_3 Capformation_{i,t-1}$$
$$+ \beta_8 \Delta_3 Inflation_{i,t-1} + \beta_9 \Delta_3 Population_{i,t-1} + \mu_i + \varepsilon_{i,t}$$

$$(4-2)$$

其中 $\Delta_3 Sfactor_{i,t-1}$ 代表 $t-1$ 期至 $t-4$ 期资本流入变动、金融发展变动、货币政策宽松程度的变化、收入不平等变化程度，核心解释变量和其他控制变量与第 3 章保持一致。模型(4-1)和(4-2)同样在国家层面进行聚类处理。

4.3.3　描述性统计

本部分所涉及的新增变量的描述性统计如表 4-1 所示。可以看出，国外资本流入变动、直接投资流入变动、证券投资和其他投资流入变动、金融发展水平变动、货币政策宽松程度变动以及收入不平等程度变动的标准差均大于平均值，说明各经济体上述变量的变化差异较大。为了检验各解释变量之间是否存在多重共线性的问题，本章进行了方差膨胀因子检验（VIF），结果表明不存在明显的多重共线性问题。

表 4-1 变量描述性统计

变量	变量含义	观测值	平均值	标准差	最小值	最大值
$\Delta_3 capitalaccount_{i,t-1}$	国外资本流入变动	1,584	0.0571	0.2218	−1.1953	1.1984
$\Delta_3 FDI_{i,t-1}$	直接投资流入变动	1,140	0.3395	0.6398	−1.7285	2.3177
$\Delta_3 FPOI_{i,t-1}$	证券投资和其他投资流入变动	1,140	−0.2878	0.5987	−2.1435	1.7462
$\Delta_3 FD_{i,t-1}$	金融发展水平变动	1,354	0.0242	0.0551	−0.1205	0.1798
$\Delta_3 M2G_{i,t-1}$	货币政策宽松程度变动	1,361	−1.4955	16.4546	−69.5764	49.2947
$\Delta_3 IncomeEqD_{i,t-1}$	收入不平等程度变动	1,569	−0.0302	0.9255	−4.8000	3.2000
$\Delta_3 RealGDP_{i,t+3}$	实际 GDP 变动	1,584	9.6851	7.8912	−23.1830	43.1039
$\Delta_3 HouseholdDebt_{i,t-1}$	家庭部门债务变动	1,584	3.5504	5.6733	−18.2652	28.2566
$\Delta_3 FirmDebt_{i,t-1}$	非金融企业部门债务变动	1,582	3.2847	10.2162	−26.6711	37.5362
$\Delta_3 GovDebt_{i,t-1}$	政府债务变动	1,450	−2.6158	20.7400	−221.9104	112.1511
$\Delta_3 Trade_{i,t-1}$	进出口贸易规模变动	1,541	0.0423	0.2014	−1.0289	4.8956
$\Delta_3 Capformation_{i,t-1}$	资本形成率变动	1,473	0.2395	5.2136	−32.9439	33.7935
$\Delta_3 Inflation_{i,t-1}$	通货膨胀率变动	1,555	−0.0108	0.1299	−3.1048	0.4680
$\Delta_3 Population_{i,t-1}$	人口增长变动	1,583	−0.0119	0.4070	−3.2652	4.4362

4.4　实证结果及分析

4.4.1　资本流入变动对家庭债务扩张经济金融效应的影响

表 4-2 的第(1)列和第(4)列探究的是国外资本流入的变动是否会影响家庭部门债务扩张对经济增长和金融稳定的作用效果。其中第(1)列被解释变量为经济增长,第(4)列的被解释变量为金融危机发生概率。结果表明,当被解释变量为经济增长时,$\Delta_3 HouseholdDebt_{i,t-1} \times \Delta_3 capitalaccount_{i,t-1}$ 前的系数为负,且在 5% 的统计性水平上显著,说明国外资本流入的增加会放大家庭部门债务扩张对经济增长的负面影响。但当被解释变量为金融危机发生的概率时,交互项前的系数虽然为正,但并不显著,说明国外资本流入的增加对家庭部门债务扩张金融稳定效应的影响有限。

表 4-2 的第(2)、(3)、(5)列和第(6)列探究了不同类型的国外资本流入的变动是否会影响家庭部门债务扩张对经济增长和金融稳定的作用效果。其中第(2)列和第(5)列探究的是直接投资资本流入变动对家庭部门债务扩张宏观经济金融效应的作用效果。第(3)列和第(6)列探究的是证券投资和其他投资资本流入变动对家庭部门债务扩张宏观经济金融效应的影响。结果显示,两类资本流入的变动均不会影响家庭部门债务扩张对金融稳定的负面影响。同时,当被解释变量为经济增长时,家庭部门债务变动与直接投资资本流入变动构成的交互项前的系数并不显著,而家庭部门债务变动与证券投资和其他投资资本流入变动构成的交互项($\Delta_3 HouseholdDebt_{i,t-1} \times \Delta_3 FPOI_{i,t-1}$)前的系数显著为负。说明直接投资资本流入的增加并不会影响家庭部门债务扩张对经济增长的负面

影响,而证券投资和其他投资资本流入的增加会放大家庭部门债务扩张对经济增长的负面影响,验证了本章的实证假设 H2。

表 4-2 资本流入变动对家庭债务扩张经济金融效应的影响

变量($t-4$ 期 至 $t-1$ 期)	经济增长($\Delta_3 RealGDP_{i,t+3}$)			金融稳定($Probit\{Crisis_{i,t+n}=1\}$)		
	(1)	(2)	(3)	(4)	(5)	(6)
$\Delta_3 HouseholdDebt_{i,t-1}$	-0.3745 ***	-0.3587 ***	-0.3569 ***	0.0571 **	0.0649 ***	0.0599 **
	(-4.7644)	(-4.4750)	(-4.5019)	(2.5559)	(2.6073)	(2.4899)
$\Delta_3 capitalaccount_{i,t-1}$	-1.8167			1.9150		
	(-0.3052)			(1.2255)		
$\Delta_3 HouseholdDebt_{i,t-1}$ $\times \Delta_3 capitalaccount_{i,t-1}$	-0.8309 **			0.1304		
	(-2.0002)			(0.8195)		
$\Delta_3 FDI_{i,t-1}$		-0.5597			0.0847	
		(-0.3837)			(0.2195)	
$\Delta_3 HouseholdDebt_{i,t-1}$ $\times \Delta_3 FDI_{i,t-1}$		0.0257			0.0203	
		(1.1986)			(0.6659)	
$\Delta_3 FPOI_{i,t-1}$			0.1152			0.3380
			(0.0744)			(0.7298)
$\Delta_3 HouseholdDebt_{i,t-1}$ $\times \Delta_3 FPOI_{i,t-1}$			-0.0419 *			-0.0077
			(-1.6719)			(-0.2509)
$\Delta_3 FirmDebt_{i,t-1}$	-0.0240	-0.0381	-0.0415 *	0.0248 ***	0.0258 **	0.0253 **
	(-0.9226)	(-1.6532)	(-1.7826)	(3.0319)	(2.4276)	(2.4662)
$\Delta_3 GovDebt_{i,t-1}$	0.0062	0.0278	0.0270	0.0017	0.0186	0.0169
	(0.2840)	(0.8742)	(0.8248)	(0.2069)	(1.6032)	(1.5282)
$\Delta_3 Trade_{i,t-1}$	-0.8818	-0.7825	-0.8891	0.3772	0.2178	0.2874
	(-0.5281)	(-0.3086)	(-0.3518)	(0.6444)	(0.2726)	(0.3640)

续　表

变量($t-4$ 期至 $t-1$ 期)	经济增长($\Delta_3 RealGDP_{i,t+3}$)			金融稳定($Probit\{Crisis_{i,t+n}=1\}$)		
	(1)	(2)	(3)	(4)	(5)	(6)
$\Delta_3 Capformation_{i,t-1}$	−0.0268	0.0405	0.0418	−0.0715 ***	−0.0665 **	−0.0706 **
	(−0.4261)	(0.4115)	(0.4328)	(−2.9058)	(−2.0112)	(−2.1562)
$\Delta_3 Inflation_{i,t-1}$	−1.7605	−5.2057 **	−5.2663 **	−1.0428 **	2.1072	2.1645
	(−0.7904)	(−2.1595)	(−2.2643)	(−2.0721)	(1.4651)	(1.5422)
$\Delta_3 Population_{i,t-1}$	0.4220	−0.0019	0.0668	−0.1056	−0.0305	−0.0373
	(0.7456)	(−0.0028)	(0.0993)	(−0.3272)	(−0.1187)	(−0.1425)
Const.	11.0684 ***	10.3287 ***	10.1856 ***	−0.4393 ***	−0.6399 **	−0.4477 *
	(33.5132)	(16.4532)	(16.2316)	(−4.6931)	(−2.5122)	(−1.6710)
固定效应	控制	控制	控制	控制	控制	控制
Adj−R²	0.4208	0.4440	0.4447			
P−R²				0.2714	0.2708	0.2718
样本数	1308	1008	1008	679	542	542

注：*、**、*** 分别表示在 10%、5% 和 1% 统计性水平上显著；括号中为经过聚类处理以及异方差调整后的 z 值。

4.4.2　国内信贷环境变化对家庭债务扩张经济金融效应的影响

　　表 4-3 探究的是经济体金融发展水平的变动和货币政策宽松程度的变化是否会影响家庭部门债务扩张对经济增长和金融稳定的负面影响。其中第（1）列和第（2）列的被解释变量为经济增长，第（3）列和第（4）列的被解释变量为金融危机发生的概率。其中第（1）列和第（3）列考察的是金融发展水平的变动对家庭部门债务扩张与经济增长和金融稳定关联的影响。结果表明，当被解释变量为经济增长时，家庭债务变动与金融发展变动交互项 $\Delta_3 HouseholdDebt_{i,t-1} \times \Delta_3 FD_{i,t-1}$ 前的系数在

10%的统计性水平上显著为负,说明一国金融发展水平的增加会显著放大家庭部门债务扩张对未来经济增长的抑制作用。同时,当被解释变量为金融危机发生概率(金融稳定逆指标)时,$\Delta_3 HouseholdDebt_{i,t-1} \times \Delta_3 FD_{i,t-1}$前的系数显著为正,说明一国金融发展水平的提升会放大家庭部门债务扩张对金融稳定的负面影响。表 4-3 的第(2)列和第(4)列探究的是货币政策宽松程度的变动是否会影响家庭部门债务扩张对经济增长和金融稳定的作用效果。结果表明,当被解释变量为经济增长时,家庭部门债务变动与代表货币政策立场变化的 M2 增速变动构成的交互项($\Delta_3 HouseholdDebt_{i,t-1} \times \Delta_3 M2G_{i,t-1}$)前的系数在 5%统计水平上显著为负。当被解释变量为金融稳定时,$\Delta_3 HouseholdDebt_{i,t-1} \times \Delta_3 M2G_{i,t-1}$前的系数显著为正,说明货币政策宽松程度的增加会放大家庭部门债务扩张对未来经济增长和金融稳定的负面影响。表 4-3 的结果验证了本章实证假设 H3。

表 4-3　国内信贷环境变化对家庭债务扩张经济金融效应的影响

变量($t-4$ 期至 $t-1$ 期)	经济增长($\Delta_3 RealGDP_{i,t+3}$)		金融稳定($Probit\{Crisis_{i,t+n}=1\}$)	
	(1)	**(2)**	**(3)**	**(4)**
$\Delta_3 HouseholdDebt_{i,t-1}$	-0.3094 ***	-0.1655 **	0.0510 **	0.0556 **
	(-3.9272)	(-2.3284)	(2.5076)	(2.2047)
$\Delta_3 FD_{i,t-1}$	16.3519 **		-3.3020 **	
	(2.4128)		(-2.2716)	
$\Delta_3 HouseholdDebt_{i,t-1}$ $\times \Delta_3 FD_{i,t-1}$	-2.2413 *		0.3888 *	
	(-1.8223)		(1.8202)	
$\Delta_3 M2G_{i,t-1}$		0.0159		-0.0198 ***
		(0.7712)		(-2.9259)
$\Delta_3 HouseholdDebt_{i,t-1}$ $\times \Delta_3 M2G_{i,t-1}$		-0.0075 **		0.0028 **
		(-2.5257)		(2.1454)

续　表

变量($t-4$ 期至 $t-1$ 期)	经济增长($\Delta_3 RealGDP_{i,t+3}$)		金融稳定($Probit\{Crisis_{i,t+n}=1\}$)	
	(1)	(2)	(3)	(4)
$\Delta_3 FirmDebt_{i,t-1}$	−0.0265 ***	−0.0273 ***	0.0166 **	0.0086
	(−3.2419)	(−3.4209)	(2.5402)	(1.5132)
$\Delta_3 GovDebt_{i,t-1}$	0.0073	−0.0037	0.0007	0.0076
	(0.3163)	(−0.1615)	(0.0870)	(0.8382)
$\Delta_3 Trade_{i,t-1}$	−2.0931	0.8432	1.0688 *	0.3021
	(−1.0880)	(0.5093)	(1.8572)	(0.5460)
$\Delta_3 Capformation_{i,t-1}$	0.0186	0.0195	−0.0830 ***	−0.0728 ***
	(0.2195)	(0.2092)	(−3.1886)	(−2.7412)
$\Delta_3 Inflation_{i,t-1}$	−1.8472	−3.0125	−1.1524 **	−0.0933
	(−0.8015)	(−1.5009)	(−2.3976)	(−0.1929)
$\Delta_3 Population_{i,t-1}$	0.3449	0.1741	−0.0403	0.4026
	(0.5188)	(0.2417)	(−0.1319)	(0.7714)
Const.	10.6809 ***	11.2777 ***	−0.4987 ***	−0.2835 ***
	(34.1517)	(48.7063)	(−6.1552)	(−4.2874)
固定效应	控制	控制	控制	控制
Adj−R²	0.4149	0.4111		
P−R²			0.2240	0.1986
样本数	1353	1092	658	441

注：* 、** 、*** 分别表示在 10％、5％ 和 1％ 统计性水平上显著；括号中为经过聚类处理以及异方差调整后的 z 值。

4.4.3　收入不平等变动对家庭债务扩张经济金融效应的影响

表 4-4 探究的是经济体收入不平等程度的增加是否会影响家庭部门债务扩张对经济增长和金融稳定的作用效果。表 4-4 的结果显示,当被解释变量为经济增长时,家庭部门债务变动与经济体收入不平等程度变动构成的交互项($\Delta_3 HouseholdDebt_{i,t-1} \times \Delta_3 IncomeEqD_{i,t-1}$)前的系数并不显著,说明家庭收入不平等性的增加并不会影响家庭债务扩张对经济增长的负面影响。当被解释变量为金融危机的发生概率时,$\Delta_3 HouseholdDebt_{i,t-1} \times \Delta_3 IncomeEqD_{i,t-1}$ 前的系数为负且显著,说明家庭收入不平等程度增加有利于抑制家庭部门扩张对金融稳定的负面影响。验证了本部分实证假设 H4-2,而与本章实证假设 H4-1 的预期不符。

表 4-4　收入不平等变动对家庭债务扩张经济金融效应的影响

变量($t-4$ 期至 $t-1$ 期)	经济增长($\Delta_3 RealGDP_{i,t+3}$)		金融稳定($Probit\{Crisis_{i,t+n}=1\}$)	
	(1)	(2)	(3)	(4)
$\Delta_3 HouseholdDebt_{i,t-1}$	−0.3566 ***	−0.3528 ***	0.0673 ***	0.0772 ***
	(−4.5716)	(−4.5282)	(3.3348)	(3.6394)
$\Delta_3 IncomeEqD_{i,t-1}$	−0.0150	0.0013	0.2119	0.2327 *
	(−0.0390)	(0.0033)	(1.5699)	(1.6877)
$\Delta_3 HouseholdDebt_{i,t-1} \times \Delta_3 IncomeEqD_{i,t-1}$		−0.0392		−0.0408 *
		(−0.4700)		(−1.9284)
$\Delta_3 FirmDebt_{i,t-1}$	−0.0226 **	−0.0225 **	0.0124 *	0.0132 **
	(−2.6002)	(−2.5855)	(1.8172)	(2.0753)

续　表

变量（$t-4$ 期至 $t-1$ 期）	经济增长（$\Delta_3 RealGDP_{i,t+3}$）		金融稳定（$Probit\{Crisis_{i,t+n}=1\}$）	
	(1)	(2)	(3)	(4)
$\Delta_3 GovDebt_{i,t-1}$	0.0104	0.0105	0.0118	0.0115
	(0.4080)	(0.4131)	(1.3560)	(1.2463)
$\Delta_3 Trade_{i,t-1}$	-0.3267	-0.3184	0.2464	0.2601
	(-0.1499)	(-0.1464)	(0.4549)	(0.4561)
$\Delta_3 Capformation_{i,t-1}$	0.0467	0.0452	$-0.0612***$	$-0.0631***$
	(0.5073)	(0.4871)	(-2.9536)	(-2.9403)
$\Delta_3 Inflation_{i,t-1}$	-1.9718	-1.9869	$-0.9494*$	$-0.9711*$
	(-0.8589)	(-0.8565)	(-1.8906)	(-1.9287)
$\Delta_3 Population_{i,t-1}$	-0.0271	-0.0188	0.0725	0.0727
	(-0.0420)	(-0.0290)	(0.2189)	(0.2167)
Const.	11.0349***	11.0183***	$-0.3850***$	$-0.3652***$
	(33.1086)	(32.9425)	(-3.0268)	(-2.6158)
固定效应	控制	控制	控制	控制
Adj$-$R^2	0.4432	0.4432		
P$-$R^2			0.2349	0.2469
样本数	1346	1346	746	746

注：*、**、*** 分别表示在 10%、5% 和 1% 统计性水平上显著；括号中为经过聚类处理以及异方差调整后的 z 值。

4.4.4　实证结果分析

本部分的实证结果表明，国外资本流入增加会放大家庭部门债务扩张对未来经济增长的负面影响。同时，将国外资本流入的类型进行细分后,发现主要是证券投资和其他投资资本流入增加放大了家庭部门债务扩张对经济增长的抑制作用,而直接投资资本流入的增加并不会对家庭部门债务扩张与未来经济增长之间的关联产生明显影响。这主要是因为相较于证券投资和其他投资资本流入而言,直接投资资本流入更多出于战略发展目标,代表出于扩张自身业务规模、发展自身技术水平等目的投资活动,因此投资期限相对较长,更稳定。当一国经济受到负面冲击时,直接投资资本更不可能出现资本外逃现象,因此并不会进一步加剧家庭部门债务扩张对未来经济增长的负面影响。

同时,本章的研究发现,经济体金融发展水平提升和货币政策宽松程度的增加会放大家庭部门债务扩张对未来经济增长和金融稳定的负面影响。这主要是因为过于宽松的信贷环境,使更多风险较大、收入较低的家庭获得了信贷资金,增加了未来发生违约风险的可能性。

此外,经济体收入不平等程度的增加反而有利于抑制家庭部门债务扩张对未来金融稳定的负面影响,但对经济增长并不产生明显的作用效果。在一定程度上验证了本章实证假设 H4-2,说明家庭部门内高收入(低杠杆)人群和低收入(高杠杆)人群的消费行为、投资决策差异的对冲效应占主要地位。高收入人群积累财富的行为,增加了低收入人群面临的资金供给,缓解了遭受负面冲击时低收入人群的偿债压力。本章同样发现,收入不平等程度的增加并不会对家庭部门债务扩张与经济增长之间的关联产生明显的作用效果。这可能是因为,虽然低收入人群当期偿债压力减小,但仍面临着未来偿债的压力,因此有动机减少消费、增强预防性储蓄动机,所以并不会刺激消费支出的增加、影响经济增长。事实上,本章关于收入不平等程度的结论也同样适用于因攀比、维持社会地位等动机而产生的借贷行为推动的家庭债务扩张的经济金融效应。存在攀比动机和攀比动机较弱的家庭同样具有不同的行为,两者互相抵消,削弱了家庭部门债务扩张对金融稳定的负面影响。

4.5　稳健性检验

为了保证本章结论的稳健性,本部分分别对表 4-2、表 4-3 以及表 4-4 进行稳健性检验。首先,本小节采用资本激增(Surge)代替国外资本流入变动进行稳健性检验。一国发生资本在短期内大幅流入的现象称为资本激增。由于短期内资本激增现象更可能推动家庭部门债务水平迅速上升,因此采用该指标能更好反映本章希望检验的问题。本小节采用 Ghosh et al.(2014)对资本激增现象的定义构建指标。Ghosh et al.(2014)认为当一国资本流入高于该国样本年份资本流入 70% 分位数水平且高于样本中所有国家资本流入的 70% 分位数水平时则认为该国在当年发生了资本流入激增现象。根据他们的定义,本小节将一国在 $t-1$ 期至 $t-4$ 期内资本流入同时满足高于该国样本中 70% 分位数水平和高于所有国家资本流入的 70% 分位数水平的时期称为资本激增时期。将发生激增的年份记为 1,其余年份记为 0,构建代表资本激增现象的虚拟变量(记为 $\Delta_3 Surge_{i,t-1}$),具体方法如模型(4-3)所示:

$$\Delta_3 Surge_{i,t-1}=\begin{cases}1\ if\ \Delta_3 capital_{i,t-1}\in\{top\,30p\,(\Delta_3 capital_{i,s})_{s=1}^{T}\bigcap\\ \qquad\qquad top\,30p\,(\Delta_3 capital_{j,s})_{j=1,s=1}^{N,T}\}\quad(4\text{-}3)\\ 0\ otherwise\end{cases}$$

采用资本激增代替资本流入变动的稳健性检验回归结果如表 4-5 所示,表 4-5 的结果表明,资本激增 $\Delta_3 surge_{i,t-1}$ 会对未来经济增长产生负面影响,并且会加剧一国发生金融危机的可能性。第(2)列家庭部门债务变动与资本激增指标构成的交互项($\Delta_3 HouseholdDebt_{i,t-1}\times\Delta_3 surge_{i,t-1}$)前的系数显著为负,说明资本激增的出现会加剧家庭债务扩张对经济增长的负面影响。同时,第(4)列的回归结果表明,$\Delta_3 HouseholdDebt_{i,t-1}\times\Delta_3 surge_{i,t-1}$ 前的系数不显著,说明虽然资本激增本身会导致金融不稳定性加剧，但对家庭部门债务扩张与金融稳定之间的关联没有显著影响。上述结论与本章基准模型的主要结论保持一致，说明本章主要结论具有稳健性。

表 4-5　资本激增对家庭部门债务扩张经济金融效应的影响（稳健性检验）

变量（$t-4$ 期至 $t-1$ 期）	经济增长（$\Delta_3 RealGDP_{i,t+3}$）		金融稳定（$Probit\{Crisis_{i,t+n}=1\}$）	
	(1)	(2)	(3)	(4)
$\Delta_3 HouseholdDebt_{i,t-1}$	$-0.3376***$	$-0.2728***$	$0.0471**$	$0.0492**$
	(-4.9879)	(-4.6913)	(2.2172)	(2.1841)
$\Delta_3 surge_{i,t-1}$	$-2.0917**$	-1.3874	$0.9675***$	$1.0071***$
	(-2.0531)	(-1.3878)	(3.0239)	(2.6798)
$\Delta_3 HouseholdDebt_{i,t-1}$ $\times \Delta_3 surge_{i,t-1}$		$-0.2945*$		-0.0112
		(-1.7696)		(-0.3368)
$\Delta_3 FirmDebt_{i,t-1}$	-0.0181	-0.0119	$0.0244***$	$0.0246***$
	(-0.7807)	(-0.5108)	(3.1402)	(3.1552)
$\Delta_3 GovDebt_{i,t-1}$	0.0147	0.0119	0.0044	0.0044
	(0.7931)	(0.6391)	(0.5495)	(0.5563)
$\Delta_3 Trade_{i,t-1}$	-0.9392	-0.8043	0.2854	0.3158
	(-0.5720)	(-0.5009)	(0.4523)	(0.4894)
$\Delta_3 Capformation_{i,t-1}$	-0.0109	-0.0384	$-0.0633***$	$-0.0632***$
	(-0.1247)	(-0.5723)	(-2.6582)	(-2.6297)
$\Delta_3 Inflation_{i,t-1}$	-2.2947	-2.2040	$-1.1372**$	$-1.1621**$
	(-1.0080)	(-1.0209)	(-2.1053)	(-2.0732)
$\Delta_3 Population_{i,t-1}$	-0.1371	0.0527	0.0007	0.0204
	(-0.2881)	(0.1140)	(0.0026)	(0.0787)

续 表

变量($t-4$ 期至 $t-1$ 期)	经济增长($\Delta_3 RealGDP_{i,t+3}$)		金融稳定($Probit\{Crisis_{i,t+n}=1\}$)	
	(1)	(2)	(3)	(4)
Const.	11.0570 ***	10.8376 ***	−0.5464 ***	−0.5600 ***
	(37.1796)	(44.3873)	(−5.0314)	(−4.5282)
固定效应	控 制	控 制	控 制	控 制
Adj−R²	0.4110	0.4259		
P−R²			0.2797	0.2799
样本数	1308	1308	679	679

注：* 、** 、*** 分别表示在 10%、5% 和 1% 统计性水平上显著；括号中为经过聚类处理以及异方差调整后的 z 值。

其次，本小节分别利用金融中介发展水平变动和金融市场发展水平变动代替金融发展水平变动，以及采用利率变动代替 M2 增速变动对表 4-3 进行稳健性检验。结果如表 4-6 所示。

表 4-6 的第（1）列和第（4）列探究的是一国金融中介发展水平的变动对家庭部门债务扩张与未来经济增长和金融稳定之间关联的影响。第（2）列和第（5）列探究的是一国金融市场发展水平的变动对家庭部门债务扩张与未来经济增长和金融稳定关联的作用效果。表 4-6 第（1）列和第（4）列的结果表明，当被解释变量为经济增长时，$\Delta_3 HouseholdDebt_{i,t-1} \times \Delta_3 FI_{i,t-1}$ 前的系数为负且显著；当被解释变量为金融稳定时，$\Delta_3 HouseholdDebt_{i,t-1} \times \Delta_3 FI_{i,t-1}$ 前的系数在 1% 统计性水平上显著为正。这说明以间接金融为主的金融中介发展水平的提升会放大家庭部门债务扩张对未来经济增长和金融稳定的作用效果。主要结论与本章基准模型的结论保持一致。而表 4-6 第（2）列和第（5）列的结果表明，虽然金融市场发展水平的提升同样可能会加剧家庭部门债务扩张对未来经济增长的抑制效应，但对家庭部门债务扩张与金融稳定之间的关联不存在明显的作用效果。说明相较而言，金融中介发展水平变动对家

庭部门债务扩张与金融稳定之间关联的影响更大。这可能是因为家庭债务扩张与信贷部门相关性更高,负面冲击通过影响家庭偿债压力等作用于包括金融部门在内的其他经济部门。金融中介发展水平的提高表明经济体更依赖于间接金融,因此受冲击的影响更大。而以直接金融为主的金融市场发展水平的增加虽然也可能导致高风险人群借贷门槛下降影响金融脆弱性,但也有利于家庭部门通过直接金融市场筹集新资本应对冲击,增加金融稳定。因此总体上不会对家庭部门债务扩张与金融稳定之间的关联产生明显的作用效果。表 4-6 的第(3)列和第(6)列,是采用一国利率的变动(记为 $\Delta_3 Interest_{i,t-1}$)作为货币政策宽松程度的代理变量的检验结果,数据来源于世界银行数据库。当被解释变量为经济增长时,$\Delta_3 HouseholdDebt_{i,t-1} \times \Delta_3 Interest_{i,t-1}$ 前的系数显著为正,而当被解释变量为金融稳定时,$\Delta_3 HouseholdDebt_{i,t-1} \times \Delta_3 Interest_{i,t-1}$ 前的系数虽不显著但符号仍与预期相符。由于利率的变动为货币政策宽松程度的反向指标,即利率上升幅度越大,代表此时央行实行的货币政策越偏紧,因此回归结果与基准模型的结论基本保持一致。

表 4-6　国内信贷环境变化对家庭债务扩张经济金融效应的影响(稳健性检验)

变量($t-4$ 期至 $t-1$ 期)	经济增长($\Delta_3 RealGDP_{i,t+3}$)			金融稳定($Probit\{Crisis_{i,t+n}=1\}$)		
	(1)	(2)	(3)	(4)	(5)	(6)
$\Delta_3 HouseholdDebt_{i,t-1}$	-0.3798^{***}	-0.3416^{***}	-0.1836^{***}	0.0731^{***}	0.0567^{***}	0.0780^{**}
	(-7.3868)	(-5.0256)	(-3.2996)	(3.5517)	(2.8340)	(2.3480)
$\Delta_3 FI_{i,t-1}$	9.8488^{**}			-3.8945^{*}		
	(1.9905)			(-1.7854)		
$\Delta_3 HouseholdDebt_{i,t-1}$ $\times \Delta_3 FI_{i,t-1}$	-3.0998^{***}			0.8837^{***}		
	(-3.2461)			(2.6977)		

续　表

变量($t-4$ 期至 $t-1$ 期)	经济增长($\Delta_3 RealGDP_{i,t+3}$)			金融稳定($Probit\{Crisis_{i,t+n}=1\}$)		
	(1)	(2)	(3)	(4)	(5)	(6)
$\Delta_3 FM_{i,t-1}$		7.8085 ***			−1.9657 **	
		(2.9089)			(−2.0621)	
$\Delta_3 HouseholdDebt_{i,t-1}$ $\times \Delta_3 FM_{i,t-1}$		−1.1000 **			0.1174	
		(−2.3403)			(1.0319)	
$\Delta_3 Interest_{i,t-1}$			−0.0211			−0.0263
			(−0.6382)			(−1.5703)
$\Delta_3 HouseholdDebt_{i,t-1}$ $\times \Delta_3 Interest_{i,t-1}$			0.0179 **			−0.0041
			(1.9689)			(−0.9204)
$\Delta_3 FirmDebt_{i,t-1}$	−0.0295 **	−0.0214 ***	−0.0235 **	0.0177 ***	0.0148 **	0.0056
	(−2.3032)	(−2.7304)	(−2.1604)	(2.7773)	(2.2304)	(0.8482)
$\Delta_3 GovDebt_{i,t-1}$	0.0046	0.0053	0.0082	−0.0002	0.0007	0.0175
	(0.2771)	(0.2253)	(0.4772)	(−0.0313)	(0.0843)	(1.5935)
$\Delta_3 Trade_{i,t-1}$	−1.8153	−1.9974	0.3913	0.9373 *	1.0023 *	0.1947
	(−1.5726)	(−1.0453)	(0.3615)	(1.7303)	(1.7395)	(0.2986)
$\Delta_3 Capformation_{i,t-1}$	0.0324	0.0151	0.0066	−0.0908 ***	−0.0797 ***	−0.0943 ***
	(0.4439)	(0.1819)	(0.0720)	(−3.4927)	(−3.0144)	(−3.2911)
$\Delta_3 Inflation_{i,t-1}$	−1.5463	−2.3903	−5.6300 **	−1.2451 ***	−1.0300 **	−2.1735
	(−0.7865)	(−1.0219)	(−2.3627)	(−2.9041)	(−2.0660)	(−1.5373)
$\Delta_3 Population_{i,t-1}$	0.3348	0.3247	−0.5581	−0.0976	0.0218	0.3847
	(0.5830)	(0.4841)	(−1.0394)	(−0.3282)	(0.0722)	(0.9514)
$Const.$	10.9909 ***	9.9857 ***	10.5992 ***	−0.3619 ***	−0.5688 ***	−0.4736 ***
	(39.5095)	(22.0082)	(37.9204)	(−4.4801)	(−5.4375)	(−3.4859)
固定效应	控制	控制	控制	控制	控制	控制

续　表

变量($t-4$ 期至 $t-1$ 期)	经济增长($\Delta_3 RealGDP_{i,t+3}$)			金融稳定($Probit\{Crisis_{i,t+n}=1\}$)		
	(1)	(2)	(3)	(4)	(5)	(6)
$Adj-R^2$	0.4153	0.4181	0.4259			
$P-R^2$				0.2340	0.2303	0.2121
样本数	1353	1353	1018	658	658	366

注：*、**、***分别表示在10%、5%和1%统计性水平上显著；括号中为经过聚类处理以及异方差调整后的 z 值。

最后，为了验证表 4-4 主要结论的稳健性，本小节采用如下稳健性检验的方法：(1)采用家庭的市场收入计算的基尼系数作为经济体收入不平等的代理变量。(2)采用 Logit 模型对模型(4-2)进行稳健性检验。回归结果如表 4-7 所示。

表 4-7 的第(1)列至第(3)列是采用家庭市场收入计算的基尼系数(记为 $\Delta_3 IncomeEqM_{i,t-1}$)作为收入不平等的另一代理变量进行稳健性检验的回归结果。相较而言，采用家庭市场收入计算的基尼系数能更好衡量家庭的福利水平。其中第(2)列采用的是 Probit 模型进行回归，第(3)列采用的是 Logit 模型进行回归，第(4)列是采用 Logit 模型对以采用可支配收入计算的基尼系数作为收入不平等代理变量，以金融稳定为被解释变量时的回归结果。表 4-7 的结果表明，当被解释变量为经济增长时，$\Delta_3 HouseholdDebt_{i,t-1} \times \Delta_3 IncomeEqM_{i,t-1}$ 前的系数不显著。当被解释变量为金融危机时，$\Delta_3 HouseholdDebt_{i,t-1} \times \Delta_3 IncomeEqM_{i,t-1}$ 前的系数为负，且均在 1% 的统计性水平上显著。与表 4-4 的主要结论保持一致，即收入不平等程度的增加不会对家庭债务扩张与未来经济增长之间的关联产生显著的作用效果，但有助于抑制家庭部门债务扩张对未来金融稳定的负面影响。说明表 4-4 的结论具有稳健性。

表4-7　收入不平等变动对家庭债务扩张经济金融效应的影响(稳健性检验)

变量($t-4$ 期至 $t-1$ 期)	$\Delta_3 RealGDP_{i,t+3}$	$Probit\{Crisis_{i,t+n}=1\}$	$Logit\{Crisis_{i,t+n}=1\}$	
	(1)	(2)	(3)	(4)
$\Delta_3 HouseholdDebt_{i,t-1}$	$-0.3478***$	$0.0849***$	$0.1517***$	$0.1376***$
	(-4.5546)	(3.2591)	(3.2936)	(3.5286)
$\Delta_3 IncomeEqM_{i,t-1}$	-0.0227	$0.2164**$	$0.3924**$	
	(-0.0802)	(2.2128)	(2.2961)	
$\Delta_3 HouseholdDebt_{i,t-1}$ $\times \Delta_3 IncomeEqM_{i,t-1}$	-0.0437	$-0.0349***$	$-0.0621***$	
	(-0.8388)	(-3.2415)	(-3.2977)	
$\Delta_3 IncomeEqD_{i,t-1}$				$0.4108*$
				(1.6767)
$\Delta_3 HouseholdDebt_{i,t-1}$ $\times_3 IncomeEqD_{i,t-1}$				$-0.0699*$
				(-1.9017)
$\Delta_3 FirmDebt_{i,t-1}$	$-0.0231***$	$0.0142**$	$0.0290*$	$0.0248*$
	(-2.7250)	(2.0086)	(1.9540)	(1.8821)
$\Delta_3 GovDebt_{i,t-1}$	0.0099	0.0095	0.0160	0.0200
	(0.3819)	(1.1301)	(1.0471)	(1.1792)
$\Delta_3 Trade_{i,t-1}$	-0.3547	0.2765	0.4794	0.5038
	(-0.1656)	(0.5396)	(0.5229)	(0.4962)
$\Delta_3 Capformation_{i,t-1}$	0.0432	$-0.0620***$	$-0.1078***$	$-0.1069***$
	(0.4654)	(-2.8387)	(-2.7946)	(-2.8359)
$\Delta_3 Inflation_{i,t-1}$	-2.0431	$-1.0688**$	$-1.9011**$	$-1.7248**$
	(-0.8751)	(-2.1557)	(-2.2072)	(-1.9754)
$\Delta_3 Population_{i,t-1}$	0.0224	0.1118	0.1556	0.0825
	(0.0349)	(0.3363)	(0.2643)	(0.1355)

续　表

变量($t-4$ 期至 $t-1$ 期)	$\Delta_3 RealGDP_{i,t+3}$	$Probit\{Crisis_{i,t+n}=1\}$	$Logit\{Crisis_{i,t+n}=1\}$	
	(1)	(2)	(3)	(4)
Const.	11.0075 ***	−0.3262 ***	−0.5095 **	−0.6053 **
	(32.5904)	(−3.0259)	(−2.5630)	(−2.4947)
固定效应	控制	控制	控制	控制
$Adj-R^2$	0.4438			
$P-R^2$		0.2564	0.2589	0.2471
样本数	1346	746	746	746

注：* 、** 、*** 分别表示在 10％、5％ 和 1％ 统计性水平上显著；括号中为经过聚类处理以及异方差调整后的 z 值。

4.6　本章小结

本章在第 3 章的研究基础上，从影响家庭债务扩张资金供给方驱动因素变化的角度，探究了家庭部门债务扩张对经济增长和金融稳定影响的异质性。利用跨国面板数据，实证分析了主要影响家庭部门债务扩张的四个资金供给方驱动因素，即国外资本流入、一国金融发展水平、货币政策宽松程度以及收入不平等程度的变化对家庭部门债务扩张与经济增长和金融稳定之间关联的影响。本章的研究表明：第一，国外资本流入的增加会显著放大家庭部门债务扩张对未来经济增长的负面影响，且上述效应主要由证券投资及其他投资等短期资本流入的增加导致，而以直接投资为目的的资本流入的增加则不会产生上述效应。第二，经济发展水平提升和货币政策宽松程度的增加会放大家庭部门债务扩张对经济增长和金融稳定的负面影响。同时，相较于直接融资为主的金融市场的发展,以间接融资为主的金融中介发展水平的提高对家庭部门债务扩张经济金融效应的放大作用更明显。第三,经济体收入不平等程度的增加反而有助于抑制家庭部门债务扩张对金融稳定的负面影响,但不会对家庭部门债务扩张与经济增长之间的关联产生明显的作用效果。

本章的结论表明,影响家庭债务扩张资金供给方驱动因素的变动会导致家庭部门债务扩张对经济增长和金融稳定的影响出现异质性。因此,监管部门和宏观经济决策部门在面对家庭部门债务扩张问题时,应当考虑家庭部门债务变动经济金融效应的异质性,结合不同的影响家庭部门债务扩张资金供给方驱动因素的变动判断家庭部门债务扩张的合理性以及其可能对未来经济金融发展的影响。20 世纪 90 年代以来,随着全球金融一体化程度的不断加深,各国开始放松对资本账户的管制力度。本章的研究表明,国外资本大幅流入会加剧家庭部门债务扩张对未来经济发展的负面影响,因此,各国监管部门应循序渐进推进资本账户开放,同时合理运用资本管制手段。此外,本章结论表明,金融发展水平的提高和货币政策宽松程度的增加也会放大家庭部门债务扩张对经济金融的负面影响,理论分析表明这主要是因为过于宽松的资金环境加剧了资源错配的程度,因此各国在大力发展金融市场,或者运用刺激性货币政策时,应注意合理引导资金流向,加强金融机构监督筛选借款人的动机和能力,减轻在此过程中资本错配现象的发生。本章还发现经济收入不平等程度的增加有助于抑制家庭部门债务扩张对金融稳定的负面影响,但本章的结论并不表明收入不平等程度越高越好。因为收入不平等程度带来的结构性问题本身也会加剧金融脆弱性,同时对公众福利产生负面影响。

第5章 资金需求驱动因素视角下家庭债务扩张对经济增长和金融稳定的影响

5.1 导言

本书的第4章从影响家庭债务扩张的资金供给方驱动因素的角度考察家庭部门债务扩张对经济增长和金融稳定影响的异质性。本章在上一章的基础上,进一步考察影响家庭债务变动的资金需求方驱动因素的变动是否会导致家庭部门债务扩张对经济增长和金融稳定的影响出现异质性。

通过对现有文献的梳理,影响家庭债务扩张的资金供给方驱动因素主要包括家庭收入水平、家庭的攀比动机(维持社会地位动机)、家庭投资和投机动机,以及家庭对未来收入和经济发展预期不确定性程度四个方面。由于第4章探究的收入不平等对家庭部门债务扩张经济金融效应的影响已经在一定程度上揭示了家庭攀比动机推动的家庭部门债务扩张对经济增长、金融稳定的作用效果[①],因此本章主要考察家庭

---

① 收入不平等加剧不仅会影响家庭内部债务供给结构,也会通过攀比动机影响家庭需求,虽然是从不同方面影响家庭部门债务水平,但存在攀比动机和不存在攀比动机的人群消费行为、决策同样存在的差异,因此相互抵消对方行为对经济的影响,表现为对家庭部门债务扩张经济金融效应的作用效果是相同的。

收入水平、家庭投资投机动机以及家庭对未来收入、经济预期不确定性的变化是否会影响家庭部门债务扩张与经济增长和金融稳定的关联。

理论上,随着家庭部门可支配收入水平增加而上涨的家庭部门债务水平,主要是源于家庭对当期消费偏好程度的增加。此时,家庭债务扩张的过程主要体现经济部门自发的达到新的均衡,并不意味着会对未来经济金融产生负面影响。而对于家庭投资投机动机、家庭对未来收入、经济发展预期不确定性的变动会对家庭部门债务扩张经济金融效应产生何种作用效果,现有研究并不明确。家庭投资投机动机增加,一方面有助于家庭更好配置资产、分散风险,增强家庭自身金融稳定,另一方面也可能诱发房地产价格上涨等资产价格泡沫的形成,加剧金融脆弱性。而对未来收入、经济发展预期不确定性的增加,一方面会导致家庭预防性储蓄动机增强,有助于抑制家庭过度负债,但另一方面也会导致家庭难以估计经济形势,做出非理性的决策。

为了探究上述因素对家庭部门债务扩张与经济增长和金融稳定关联的影响,本章基于跨国面板数据,实证分析了主要影响家庭部门债务扩张的三个资金需求方驱动因素,即家庭收入水平、家庭投资投机动机以及家庭对未来收入、经济预期不确定性的变化对家庭部门债务扩张与经济增长和金融稳定之间关联的影响。研究结果表明:第一,家庭短期收入水平的变化不会影响家庭部门债务扩张对经济增长和金融稳定的作用,但影响家庭长期收入水平的全要素生产率、科技水平的提高有助于抑制家庭部门债务扩张对未来经济增长的负面影响。第二,基于对金融资产、房地产投资投机动机增加的家庭部门债务扩张对金融稳定的负面影响更大,而家庭消费动机的增强并不会影响家庭债务扩张对金融稳定的作用效果。第三,家庭对未来收入的不确定性增加不会影响家庭部门债务扩张对未来经济增长和金融稳定的作用,而对未来宏观经济发展预期的不确定性增大反而有助于抑制家庭部门债务扩张对未来经济增长和金融稳定的负面影响。

本章的贡献在于,从影响家庭债务扩张的资金需求方驱动因素的角度考察了家庭部门债务扩张对经济增长和金融稳定影响的异质性,为客观评价家庭部门债务扩张对未来宏观经济金融的影响提供了基于资金需求影响因素视角的经验证据。

5.2 理论分析和研究假设

5.2.1 家庭收入与家庭债务扩张对经济增长和金融稳定的影响

传统的生命周期理论认为,由于家庭收入在生命周期内是不均等的,个体为了平滑自身消费以获得效用最大化,存在增加债务水平平滑自身消费的动机。Barnes and Young(2003)利用世代交叠模型,揭示了收入变动是家庭负债的重要动机之一。

理论上,家庭收入水平的提高有助于抑制家庭部门债务扩张对未来经济增长和金融稳定的负面影响。一方面,家庭部门收入水平的提高,增强了家庭的偿债能力,因此在受到负面冲击时,家庭更有能力应对冲击,减少违约行为发生的概率。Rinaldi and Arellano(2006)发现,家庭部门债务水平与可支配收入之比的增加会导致家庭部门不良贷款率的增加,加剧金融脆弱性。但是,如果在此期间家庭可支配收入水平也出现上涨(即使上涨幅度不如债务扩张的程度),也有利于抵消家庭部门债务扩张对未来金融稳定的负面影响。Gorton and Ordonez(2016)也发现可持续的要素生产率水平(TFP)的提高有助于降低债务扩张后金融危机发生的概率。

另一方面,家庭部门债务扩张时期,收入水平的增加也反映出债务扩张并未导致严重的资源错配。Charles et al.(2015)的研究表明,如果家庭部门债务的扩张推动了建筑行业等拥有较低劳动生产率水平的行业发展,会导致人力资本过多分配于劳动生产率较低的部门,表现为整体生产率水平下降。Borio et al.(2016)也认为前期人力资本错配导致整体生产率水平下滑,是未来经济衰退的主要原因之一。因此,如果在家庭部门债务扩张时期,能够观察到可持续的收入增加,则可以间接反映出此时资源错配的现象不严重,此时家庭债务扩张可能仅体现了经济部门在收入水平提高的背景下自主达到新的均衡,并不意味着会对未来经济发展产生负面影响。

基于此,本章提出实证假设 H1。

H1:家庭收入水平的提高有助于抑制家庭部门债务扩张对经济增长和金融稳定的负面影响。

5.2.2　投资投机动机与家庭债务扩张对经济增长和金融稳定的影响

家庭投资投机动机的变化也会影响家庭的负债行为,且也可能影响家庭部门债务扩张对经济增长和金融稳定的作用效果。现有理论认为,投机行为会放大家庭部门债务扩张对经济增长和金融稳定的影响。Mian 和 Sufi(2018a)发现在家庭债务扩张时期,房地产部门的投机者也增加。这些投机者的信用评分较低,事后违约的风险较大。此外,虽然家庭参与适当的投资活动,有利于实现财富增值,增加家庭效用水平(吴卫星等,2018),但不恰当的家庭投资行为同样可能放大家庭部门债务扩张宏观经济金融效应。历史经验表明,家庭部门过多投资房地产和金融资产的行为是加剧家庭部门债务扩张对未来经济增长、金融稳定负面影响的重要诱因。由于金融资产和房地产资产皆为类金融资产,家庭部门对两类资产的投资意愿的加强,可能会诱发房地产价格和资本市场价格泡沫的形成,造成虚拟经济过度膨胀,使金融风险在系统内聚集(彭俞超等,2018)。一旦受到负面冲击,由于金融体系错综复杂,风险通过资产价格在系统内传递,会加剧一国金融脆弱性。

上述文献表明,家庭部门对房地产、金融资产的投资投机活动对经济金融的影响不容忽视,因此本章主要考察家庭部门对房地产和金融资产的投资投机动机变动对家庭部门债务扩张经济金融效应的影响。据此,提出本章实证假设 H2。

H2:家庭部门对金融资产、房地产投资投机动机的增强,会放大家庭部门债务扩张对经济增长和金融稳定的负面影响。

5.2.3 预期不确定性与家庭债务扩张对经济增长和金融稳定的影响

家庭部门承担债务的行为受家庭对未来收入、未来经济发展形势的预期影响较大。Ferri 和 Simon(2002)、Jacobsen 和 Naug(2004)的调查发现只要家庭预期未来收入水平增加,即使实际上未来收入水平并未增加,也会导致这一时期内家庭部门债务水平的提高。

事实上,家庭对未来收入的预期和对未来经济发展的预期本身并不一定会影响家庭部门债务扩张对经济增长和金融稳定的影响。只有当家庭对未来收入、未来经济发展预期比较确定时,特别是存在乐观预期时,家庭才会选择增加债务水平。吴卫星等(2013)通过分析奥尔多投资咨询中心于 2012 年对中国居民家庭进行的"中国城镇居民经济状况与心态"调查问卷发现,如果一个家庭对未来经济存在明确的上涨预期,即对未来的经济形势、就业情况以及物价等宏观经济变量的变化持有乐观的看法,则会增加家庭的债务水平。但预期确定性较高并不意味着对未来收入、经济发展的预期与未来实际收入、经济发展的预期吻合度高,明确的预期不代表正确的预期。如果家庭对未来收入、经济发展等产生不恰当的预期,也可能会高估自身管理现有资产组合的能力,导致过度负债,引起过高的财务风险(Anderloni 和 Vandone,2010)。

现有研究认为家庭未来收入预期、经济发展预期不确定性对家庭部门债务扩张与经济增长和金融稳定关联的影响可能存在两种作用效果。一方面,家庭对经济变量预期不确定性的增强,可能会降低家庭部门过度负债行为,有助于抑制家庭部门债务扩张对未来经济增长和金融稳定的负面影响。吴卫星等(2013)发现,当家庭对未来收入变动的预期越明确时,越有可能增加负债。Caroll(1992)发现在经济不确定性较强的时期,家庭部门由于难以预期未来经济的发展,自身预防性储蓄动机加强,从而会增加自身的储蓄水平,降低债务水平。Estrada et al.(2014)同样发现,当家庭对自身未来收入预期的不确定性加强的时候,预防动机占据主导地位,家庭会更倾向于积累资产。Jones et al.(2018)的研究表明,当家庭对自身流动性需求的不确定性越大时,家庭的预防性储蓄动机越强。由此可见,当家庭对自身收入、对未来经济发展的预期不确定性较大时,反而会更谨慎地根据自身实际情况做出增加债务水平的选择。因此,此时做出的债务决定更为保守,降低了家庭部门出现过度负债行为的可能性,减少了家庭部门内部金融风险聚集程度。

但是,另一方面,家庭对未来收入、经济发展预期不确定性的增强也可能会放大家庭部门债务扩张对经济增长和金融稳定的作用效果。不确定性不仅意味着风险的增加,同样也代表着未来可获取的收益水平增加(顾夏铭等,2018)。这种现象在股市中最为常见,当股市波动较小时,往往交易量紧缩,而股市波动较大时,虽然风险增加,但成交量也更加活跃。因此,在这种动机下,家庭可能倾向于利用加杠杆的方式进行风险投资活动,增加资本回报率。Bordalo et al.(2017)发现在信贷扩张时期,借款人总是过于乐观,预期更偏非理性。因此在家庭部门债务扩张时期,由于宽松的资金环境放大了家庭乐观情绪,此时对未来预期的不确定性反而意味着更大的收益,助长了乐观情绪。如果此时预期不确定性下降,家庭可能更容易预测未来债务紧缩导致的不良后果,从而在负面冲击来临之前减少债务水平,在事前修复自身资产负债表。但如果此时预期不确定上升,家庭难以判断未来经济走势,仅看到了不确定性意味着存在未来增加收益的机会,热衷投机从而忽略了高经济不确定性背后蕴含的金融风险。因此,在遭遇负面冲击时,更容易导致严重的经济后果。

从理论上,难以判断家庭对收入、对未来经济发展预期的不确定性加强,会对家庭部门债务扩张与经济增长和金融稳定之间的关联产生何种影响,该净影响取决于上述抑制作用和放大作用的相对大小。因此,本章分别提出实证假设 H3-1 和 H3-2,在稍后利用实证分析的方式对此做出判断。

H3-1:家庭对未来收入、经济发展预期的不确定性增加会抑制家庭部门债务扩张对未来经济增长和金融稳定的负面影响。

H3-2:家庭对未来收入、经济发展预期的不确定性增加会放大家庭部门债务扩张对未来经济增长和金融稳定的负面影响。

5.3　研究设计

5.3.1　变量说明与数据来源

(1)家庭收入变动。本章首先采用家庭部门可支配收入在 $t-1$ 期至 $t-4$ 期的变动情况来衡量家庭部门收入变动(记为 $\Delta_3 Income_{i,t-1}$)。但该指标难以反映可持续的家庭收入变动程度。由于生命周期理论认为,可持续的收入水平的变动才是家庭选择债务水平的重要影响因素,而可持续收入水平受一国全要素生产率的影响较大,因此,本部分进一步采用全要素生产率变动衡量家庭可持续的收入变动。全要素生产率指标来自 Penn World Table 数据库,该数据库利用各经济体全要素生产率水平与美国全要素生产率之比作为衡量各国生产率水平的代理变量。由于该数据为相对指标,因此本章采用 $t-1$ 期的相对全要素生产率水平与 $t-4$ 期的相对全要素生产率水平之比构建这一时期内经济体全要素生产率水平变化情况(记为 $\Delta_3 TFP_{i,t-1}$)。

(2)家庭投资动机变动。由于一方面难以区分家庭对金融资产、房地产的投资动机和投机动机,另一方面,两种动机下最终表现都是家庭对金融资产、房地产资产的投资增加,因此本章将两种动机联合讨论,

并采用 $t-1$ 期至 $t-4$ 期家庭投资金融资产和房地产资产的变化来刻画家庭投资投机动机的变化。相关数据来源于 OECD 数据库中的家庭净资产指标,OECD 数据库统计的家庭净资产数据由家庭持有的金融资产总额与住房价值的总和占可支配收入净额的百分比表示。该数据库仅包含 28 个国家①,本章利用其变动值作为家庭投资投机动机变动的代理变量(记为 $\Delta_3 FHinvest_{i,t-1}$)。

(3)预期不确定性变动。本章分别从家庭对未来收入的预期不确定性和对未来经济发展的预期不确定性两个角度来考察家庭对未来预期的不确定程度。相关文献中常用家庭消费信心指数衡量收入预期,虽然采用信心指数的波动可以较好衡量收入预期的不确定性,但由于消费者信心指数的构建均基于单个国家,暂时无法获得多国可比较的消费者信心指数,不适合跨国分析。家庭对未来收入的预期是一个动态调整的过程,与前期收入预期和前期的收入均存在一定相关性,如果现阶段实际收入的波动较大会影响家庭对未来收入的确定性程度。因此,本章采用 $t-4$ 期到 $t-1$ 期家庭可支配收入的波动率变化作为替代变量衡量家庭收入预期不确定性的变动(记为 $\Delta_3 IncomeVol_{i,t-1}$)。家庭可支配收入的波动率采用家庭可支配收入三年的标准差进行衡量。

此外,本章采用经济政策不确定性来衡量家庭对未来经济发展预期确定性。事实上,除了经济政策不确定外,现阶段实体经济不确定程度的加强也会影响家庭对未来经济发展的预期。通常而言,实体经济不确定性可以采用易波动的经济变量进行测量,例如股票市场波动率、汇率波动率以及债券市场收益率波动率等,但 Jurado et al.(2015)发现这些不确定性的代理变量存在显著的独立波动,大部分波动并非是因为基本面出现了不确定性问题导致的,因此采用上述代理变量并不一定能刻画预期层面的不确定性。为了避免此问题的发生,本章采用

---

① 样本国家为:澳大利亚、奥地利、比利时、加拿大、捷克、德国、丹麦、爱沙尼亚、芬兰、法国、德国、希腊、匈牙利、意大利、日本、韩国、立陶宛、拉脱维亚、卢森堡、荷兰、挪威、波兰、葡萄牙、斯洛伐克、斯洛文尼亚、瑞典、英国、美国。

Baker et al.(2016)编制的经济政策不确定性指标作为家庭对未来经济发展预期不确定性的代理指标。经济政策不确定性主要衡量由于经济主体无法确切知道现行经济政策的变动而产生的不确定性(陈乐一和张喜艳,2018)。该指标由三个细分指标构成,第一个细分指标量化了报纸对经济政策不确定性的相关报道,第二个细分指标反映税法法条失效日,第三个细分指标则衡量了经济预测者之间的分歧程度。采用经济政策不确定性指标衡量家庭预期经济发展的不确定性具有合理性。构建经济政策不确定指标其中一个细分指标考察了经济预测者之间的分歧程度,由于经济预测者与家庭一样是基于现实的经济形势进行判断,因此预测者之间的分歧在一定程度上也可以间接反映家庭之间的预期分歧。

需要注意的是经济政策不确定性指标仅覆盖 23 个国家和地区,且为月度数据,本章采用通常研究中常用的方式,采用其月度算数平均值的均值除以 100 构建年度经济政策不确定性指标(王朝阳等,2018),同时采用 $t-4$ 期与 $t-1$ 期该指标的差值衡量该时段内经济政策不确定程度的变化(记为 $\Delta_3 EPU_{i,t-1}$)。该指标越大,说明经济政策的不确定程度增加越大,家庭更难预测未来宏观经济的发展。

5.3.2 模型设定

本章采用模型(5-1)和模型(5-2)分别探究家庭收入变动、家庭投资投机动机变动以及家庭预期不确定性的变化是否会影响家庭部门债务扩张对未来经济增长和金融稳定的影响:

$$\Delta_3 RealGDP_{i,t+3} = \alpha_1 \Delta_3 HouseholdDebt_{i,t-1} + \alpha_2 \Delta_3 Dfactor_{i,t-1}$$
$$+ \alpha_3 \Delta_3 HouseholdDebt_{i,t-1} \times \Delta_3 Dfactor_{i,t-1} + \alpha_4 \Delta_3 FirmDebt_{i,t-1}$$
$$+ \alpha_5 \Delta_3 GovDebt_{i,t-1} + \alpha_6 \Delta_3 Trade_{i,t-1} + \alpha_7 \Delta_3 Capformation_{i,t-1}$$
$$+ \alpha_8 \Delta_3 Inflation_{i,t-1} + \alpha_9 \Delta_3 Population_{i,t-1} + \mu_i + \varepsilon_{i,t} \qquad (5\text{-}1)$$
$$Probit\{Crisis_{i,t+n} = 1\} = \beta_1 \Delta_3 HouseholdDebt_{i,t-1} + \beta_2 \Delta_3 Dfactor_{i,t-1}$$
$$+ \beta_3 \Delta_3 HouseholdDebt_{i,t-1} \times \Delta_3 Dfactor_{i,t-1} + \beta_4 \Delta_3 FirmDebt_{i,t-1}$$

$$+\beta_5\Delta_3 GovDebt_{i,t-1}+\beta_6\Delta_3 Trade_{i,t-1}+\beta_7\Delta_3 Capformation_{i,t-1}$$

$$+\beta_8\Delta_3 Inflation_{i,t-1}+\beta_9\Delta_3 Population_{i,t-1}+\mu_i+\varepsilon_{i,t} \qquad (5-2)$$

其中 $\Delta_3 Dfactor_{i,t-1}$ 代表 $t-1$ 期至 $t-4$ 期家庭收入、家庭投资投机动机以及家庭预期不确定性的变化幅度,核心解释变量家庭部门债务变动和其他控制变量与本书第 4 章保持一致。

5.3.3　描述性统计

本章所涉及的变量的描述性统计如表 5-1 所示。为了检验各解释变量之间是否存在多重共线性的问题,本部分进行了方差膨胀因子检验(VIF),结果表明不存在明显的多重共线性问题。

表 5-1　变量描述性统计

变量	变量含义	观测值	平均值	标准差	最小值	最大值
$\Delta_3 Income_{i,t-1}$	家庭可支配收入水平变动	526	−0.5651	4.3653	−26.9739	18.4169
$\Delta_3 TFP_{i,t-1}$	全要素生产率水平变动	1,507	1.0216	0.1106	0.5251	1.9426
$\Delta_3 FHinvest_{i,t-1}$	家庭金融资产和房地产投资变动	349	8.0840	42.6969	−132.8872	145.4756
$\Delta_3 IncomeVol_{i,t-1}$	收入不确定性变动	498	0.1200	1.7125	−7.1050	10.3501
$\Delta_3 EPU_{i,t-1}$	经济政策不确定性变动	335	10.6694	45.4423	−158.3431	166.0554
$\Delta_3 RealGDP_{i,t+3}$	实际 GDP 变动	1,507	9.5697	8.3042	−40.6633	56.0514
$\Delta_3 HouseholdDebt_{i,t-1}$	家庭部门债务变动	1,507	3.7222	5.8226	−18.2652	32.9844
$\Delta_3 FirmDebt_{i,t-1}$	非金融企业部门债务变动	1,502	4.0610	18.2548	−251.6994	262.6978

变量	变量含义	观测值	平均值	标准差	最小值	最大值
$\Delta_3 GovDebt_{i,t-1}$	政府债务变动	1,382	-1.0774	17.9070	-221.9104	112.1511
$\Delta_3 Trade_{i,t-1}$	进出口贸易规模变动	1,478	0.0437	0.1489	-0.5732	0.8114
$\Delta_3 Capformation_{i,t-1}$	资本形成率变动	1,462	0.2312	4.7539	-22.2198	32.9253
$\Delta_3 Inflation_{i,t-1}$	通货膨胀率变动	1,458	-0.0119	0.1274	-3.1048	0.3391
$\Delta_3 Population_{i,t-1}$	人口增长变动	1,493	-0.0138	0.4421	-3.4835	4.4362

5.4　实证结果及分析

5.4.1　家庭收入变动对家庭债务扩张经济金融效应的影响

　　表 5-2 汇报的是经济体家庭收入水平变动对家庭部门债务扩张与未来经济增长和金融稳定之间关联影响的回归结果。其中第(1)列和第(2)列的被解释变量为经济增长,第(3)列和第(4)列的被解释变量为金融危机发生的概率。第(1)列和第(3)列是家庭可支配收入变动对家庭部门债务扩张与经济增长和金融稳定关联影响的回归结果,第(2)列和第(4)列是全要素生产率水平的变动对家庭部门债务扩张与经济增长和金融稳定关联影响的回归结果。表 5-2 的结果表明,加入上述变量后,家庭部门债务变动前的系数依旧保持稳健。同时家庭部门债务变动与家庭可支配收入水平变动的交互项($\Delta_3 HouseholdDebt_{i,t-1} \times \Delta_3 Income_{i,t-1}$)前的系数虽然符号与预期相符,但均不显著。此外,当被

解释变量为经济增长时,家庭部门债务变动与全要素生产率水平交互项($\Delta_3 HouseholdDebt_{i,t-1} \times \Delta_3 TFP_{i,t-1}$)前的系数在 10% 的统计性水平上显著为正,说明一国生产率水平的提高能够有效抑制家庭部门债务扩张对未来经济增长的负面影响。但当被解释变量为金融稳定时,$\Delta_3 HouseholdDebt_{i,t-1} \times \Delta_3 TFP_{i,t-1}$ 前的系数虽然为负,与预期相符,但并不具有统计学上的意义。

表 5-2　家庭收入变动对家庭债务扩张经济金融效应的影响

变量($t-4$ 期至 $t-1$ 期)	经济增长($\Delta_3 RealGDP_{i,t+3}$)		金融稳定($Probit\{Crisis_{i,t+n}=1\}$)	
	(1)	(2)	(3)	(4)
$\Delta_3 HouseholdDebt_{i,t-1}$	-0.5584 ***	-0.3559 ***	0.0852 ***	0.0577 ***
	(-4.9110)	(-4.9072)	(2.8928)	(2.7144)
$\Delta_3 Income_{i,t-1}$	-0.0640		-0.0265	
	(-0.7210)		(-0.9065)	
$\Delta_3 HouseholdDebt_{i,t-1}$ $\times \Delta_3 Income_{i,t-1}$	0.0047		-0.0036	
	(0.4896)		(-0.7709)	
$\Delta_3 TFP_{i,t-1}$		2.2172		-2.6065
		(0.5678)		(-1.3437)
$\Delta_3 HouseholdDebt_{i,t-1}$ $\times \Delta_3 TFP_{i,t-1}$		0.7408 *		-0.0030
		(1.7602)		(-0.0214)
$\Delta_3 FirmDebt_{i,t-1}$	-0.0043	-0.0217 **	0.0054	0.0149 **
	(-0.4585)	(-2.5486)	(0.9245)	(2.1680)
$\Delta_3 GovDebt_{i,t-1}$	-0.1212 **	-0.0024	0.0150	0.0078
	(-2.0566)	(-0.1079)	(0.7064)	(0.8642)
$\Delta_3 Trade_{i,t-1}$	-14.5758 ***	-0.9681	0.8650	0.3687
	(-3.3792)	(-0.3692)	(1.1488)	(0.6378)

续　表

变量($t-4$ 期至 $t-1$ 期)	经济增长($\Delta_3 RealGDP_{i,t+3}$)		金融稳定($Probit\{Crisis_{i,t+n}=1\}$)	
	(1)	(2)	(3)	(4)
$\Delta_3 Capformation_{i,t-1}$	0.0416	-0.0581	-0.0435	$-0.0490**$
	(0.3162)	(-0.7730)	(-0.7299)	(-2.1473)
$\Delta_3 Inflation_{i,t-1}$	$-31.1209***$	-2.4050	-1.3793	$-1.1428*$
	(-3.3316)	(-0.9545)	(-0.5026)	(-1.8746)
$\Delta_3 Population_{i,t-1}$	-1.5422	0.3033	-0.0458	-0.0143
	(-1.2120)	(0.4772)	(-0.1316)	(-0.0425)
$Const.$	$10.7719***$	$8.6019**$	$0.4501*$	2.2490
	(13.5919)	(2.1957)	(1.8232)	(1.1404)
固定效应	控制	控制	控制	控制
$Adj-R^2$	0.4029	0.4160		
$P-R^2$			0.2688	0.2358
观测值	498	1310	361	748

注：*、**、*** 分别表示在 10%、5% 和 1% 统计性水平上显著；括号中为经过聚类处理以及异方差调整后的 z 值。

5.4.2　投资投机动机变动对家庭债务扩张经济金融效应的影响

表 5-3 汇报的是家庭对金融资产、房地产投资投机动机变化对家庭部门债务扩张与经济增长和金融稳定关联影响的回归结果。其中第(1)列的被解释变量为经济增长，第(3)列的被解释变量为金融稳定。第(1)列和第(3)列的结果显示，家庭部门债务变动与家庭投资金融、房地产资产变化交互项前的系数与预期保持一致，但只有当被解释变量为金融稳定时，家庭部门债务变动与家庭投资金融资产、房地产变动的交互项（$\Delta_3 HouseholdDebt_{i,t-1} \times \Delta_3 HFinvest_{i,t-1}$）前的系数才具有统计上的意

义。上述回归结果表明,虽然家庭部门金融资产投资和房地产投资的增加会放大家庭部门债务扩张对未来金融稳定的影响,但对家庭部门债务扩张与经济增长之间关联的影响并不明显。

事实上,家庭部门债务水平提高后,家庭的消费支出、投资活动均会出现不同程度的增加,如果家庭消费支出、投资的增加均会影响家庭部门债务扩张宏观经济金融效应,那么上述放大效应可能是由其他原因引起而并非是由家庭对金融资产、房地产的投资投机动机变动引起的,这会削弱本小节结论的可靠性。因此,本小节进一步尝试探究家庭部门消费水平的变化是否同样会影响家庭部门债务扩张的宏观经济金融效应。表 5-3 的第(2)列和第(4)列分别探讨家庭部门消费支出变动对家庭部门债务扩张与经济增长和金融稳定之间关联的影响。家庭部门消费支出指标(记为 $\Delta_3 Consumption_{i,t-1}$)来源于 OECD 数据库,采用家庭为了满足日常生活需要而进行的最终消费支出进行衡量,包含食品、服装、能源、交通等方面的支出。第(2)列和第(4)列的结果表明,家庭部门消费支出的变动并不会明显地影响家庭部门债务扩张对未来经济增长和金融稳定的作用效果。因此,进一步说明表 5-3 结论的可靠性。表 5-3 的回归结果在一定程度上验证了本章实证假设 H2。

表 5-3　投资投机动机变动对家庭债务扩张经济金融效应的影响

变量($t-4$ 期至 $t-1$ 期)	经济增长($\Delta_3 RealGDP_{i,t+3}$)		金融稳定($Probit\{Crisis_{i,t+n}=1\}$)	
	(1)	(2)	(3)	(4)
$\Delta_3 HouseholdDebt_{i,t-1}$	$-0.5771***$	$-0.4074***$	$0.1204**$	$0.0591**$
	(-4.4660)	(-4.5904)	(2.2567)	(2.1623)
$\Delta_3 FHinvest_{i,t-1}$	$-0.0220**$		0.0022	
	(-2.3767)		(0.6671)	
$\Delta_3 HouseholdDebt_{i,t-1}$ $\times \Delta_3 FHinvest_{i,t-1}$	-0.0002		$0.0010*$	
	(-0.1935)		(1.8556)	

续　表

变量($t-4$ 期至 $t-1$ 期)	经济增长($\Delta_3 RealGDP_{i,t+3}$)		金融稳定($Probit\{Crisis_{i,t+n}=1\}$)	
	(1)	(2)	(3)	(4)
$\Delta_3 Consumption_{i,t-1}$		-0.1911		0.0401
		(-1.3818)		(0.7210)
$\Delta_3 HouseholdDebt_{i,t-1}$ $\times \Delta_3 Consumption_{i,t-1}$		-0.0109		-0.0047
		(-0.4304)		(-0.5275)
$\Delta_3 FirmDebt_{i,t-1}$	-0.0367	$-0.0201**$	-0.0032	$0.0148**$
	(-1.3232)	(-2.4559)	(-0.3392)	(1.9829)
$\Delta_3 GovDebt_{i,t-1}$	$-0.1942***$	-0.0486	0.0323	0.0161
	(-4.2466)	(-1.1288)	(1.3346)	(1.0769)
$\Delta_3 Trade_{i,t-1}$	$-16.1015***$	$-4.8396*$	1.1901	0.1586
	(-2.9888)	(-1.9623)	(0.8892)	(0.3425)
$\Delta_3 Capformation_{i,t-1}$	0.0982	-0.1313	-0.0640	$-0.0484*$
	(0.6415)	(-1.4980)	(-0.8129)	(-1.8689)
$\Delta_3 Inflation_{i,t-1}$	$-44.7019**$	$-10.4624**$	-0.7904	1.0265
	(-2.8052)	(-2.4144)	(-0.2375)	(1.6394)
$\Delta_3 Population_{i,t-1}$	-1.3882	-0.9268	0.7990	0.0327
	(-0.8120)	(-0.8624)	(0.9952)	(0.0962)
$Const.$	$10.3740***$	$9.8840***$	0.4373	$0.6408***$
	(9.1040)	(21.8100)	(1.2215)	(2.8753)
控制变量	控制	控制	控制	控制
$Adj-R^2$	0.4354	0.3797		
$P-R^2$			0.2872	0.2050
观测值	316	851	211	643

注：*、**、***分别表示在 10%、5% 和 1% 统计性水平上显著；括号中为经过聚类处理以及异方差调整后的 z 值。

5.4.3 预期不确定性变动对家庭债务扩张经济金融效应的影响

表 5-4 汇报了家庭对未来收入、未来经济发展预期不确定程度的变动是否会影响家庭部门债务扩张对未来经济增长和金融稳定的影响。其中第（1）列和第（2）列的被解释变量为经济增长，第（3）列和第（4）列的被解释变量为金融稳定。表 5-4 第（1）列和第（3）列考察的是家庭收入预期不确定性变动对家庭部门债务扩张与经济增长和金融稳定之间关联的影响。第（2）列和第（4）列则考察了家庭对经济发展预期不确定性的变动对家庭部门债务扩张与经济增长和金融稳定之间关联的影响。

表 5-4 的回归结果表明，$\Delta_3 HouseholdDebt_{i,t-1} \times \Delta_3 IncomeVol_{i,t-1}$ 前的系数均不显著，说明家庭对未来收入预期的不确定性增加不会影响家庭部门债务扩张对经济增长和金融稳定的作用效果。此外，表 5-4 第（2）列的结果表明，当被解释变量为经济增长时，家庭部门债务变动与经济政策不确定性变动的交互项 $\Delta_3 HouseholdDebt_{i,t-1} \times \Delta_3 EPU_{i,t-1}$ 前的系数在 10% 的统计性水平上显著为正。第（4）列的结果显示，当被解释变量为金融稳定时，家庭部门债务变动与经济政策不确定性变动的交互项 $\Delta_3 HouseholdDebt_{i,t-1} \times \Delta_3 EPU_{i,t-1}$ 前的系数在 5% 的统计性水平上显著为负。这说明家庭对未来宏观经济发展预期的不确定性增大反而有助于抑制家庭部门债务扩张对未来经济增长和金融稳定的负面影响。

上述回归结果验证了本章的实证假设 H3-1，拒绝了本章实证假设 H3-2。说明抑制作用占主导地位。

表 5-4 预期不确定性变动对家庭债务扩张经济金融效应的影响

变量($t-4$ 期至 $t-1$ 期)	经济增长($\Delta_3 RealGDP_{i,t+3}$)		金融稳定($Probit\{Crisis_{i,t+n}=1\}$)	
	(1)	(2)	(3)	(4)
$\Delta_3 HouseholdDebt_{i,t-1}$	−0.5483 ***	−0.4046 ***	0.0838 ***	0.0613 ***
	(−4.3353)	(−4.8415)	(2.8950)	(2.5882)
$\Delta_3 IncomeVol_{i,t-1}$	0.0712		−0.0503	
	(0.2479)		(−0.8326)	
$\Delta_3 HouseholdDebt_{i,t-1}$ $\times \Delta_3 IncomeVol_{i,t-1}$	−0.0107		0.0002	
	(−0.2597)		(0.0250)	
$\Delta_3 EPU_{i,t-1}$		0.0070		−0.0047 *
		(1.0996)		(−1.7183)
$\Delta_3 HouseholdDebt_{i,t-1}$ $\times \Delta_3 EPU_{i,t-1}$		0.0019 *		−0.0011 **
		(1.8568)		(−2.4749)
$\Delta_3 FirmDebt_{i,t-1}$	−0.0013	−0.0000	0.0055	0.0061
	(−0.1320)	(−0.0007)	(0.7444)	(0.4789)
$\Delta_3 GovDebt_{i,t-1}$	−0.1100 *	0.0022	0.0170	0.0001
	(−1.7762)	(0.0659)	(0.7624)	(0.0061)
$\Delta_3 Trade_{i,t-1}$	−15.3930 ***	−4.1595	1.0665	−0.8061
	(−3.5666)	(−1.4556)	(1.3250)	(−0.7696)
$\Delta_3 Capformation_{i,t-1}$	0.0412	0.1726	−0.0473	−0.1094 **
	(0.3160)	(1.2099)	(−0.8226)	(−2.1920)
$\Delta_3 Inflation_{i,t-1}$	−32.9136 ***	2.2381 ***	−1.1871	−1.9508 ***
	(−2.8816)	(2.6979)	(−0.5252)	(−2.8356)
$\Delta_3 Population_{i,t-1}$	−1.9327	−0.3953	0.1747	0.7570 *
	(−1.6461)	(−0.7110)	(0.4456)	(1.9359)

续　表

变量($t-4$ 期至 $t-1$ 期)	经济增长($\Delta_3 RealGDP_{i,t+3}$)		金融稳定($Probit\{Crisis_{i,t+n}=1\}$)	
	(1)	(2)	(3)	(4)
Const.	10.6776 ***	8.8257 ***	0.4737 *	−0.3881
	(11.7601)	(14.7096)	(1.8745)	(−0.9507)
固定效应	控制	控制	控制	控制
$Adj-R^2$	0.4898	0.5607		
$P-R^2$			0.2711	0.2709
样本数	473	307	330	219

注：*、**、*** 分别表示在 10%、5% 和 1% 统计性水平上显著；括号中为经过聚类处理以及异方差调整后的 z 值。

5.4.4　实证结果分析

本章的回归结果表明，家庭可支配收入水平的变动对家庭部门债务扩张与经济增长和金融稳定之间关联不存在明显的影响，而一国全要素生产率水平的提高则能够有效抑制家庭部门债务扩张对经济增长的影响，但对家庭部门债务与金融稳定之间的关联也不存在明显的作用效果。可支配收入变动和生产率水平变动对家庭部门债务扩张宏观经济金融效应的差异性影响可能在于，家庭可支配收入的变动无法体现家庭收入的持续变动，短期家庭收入增长可能是因房地产等生产率水平较低的行业收入增长导致。在此情况下，当受到负面冲击时，房地产等行业资产价格泡沫破灭会导致家庭收入水平受到较大影响，因此此时可支配收入的增加并无法体现家庭未来偿债能力的增加。而全要素生产率水平的提高则能更好地体现可持续性的整体收入水平的提高。当整体生产率水平提高时，一方面有助于加强家庭承担债务的能力;另一方面,也使家庭在受到冲击后更有能力修复自身资产负债表,应对能力更强,从而有助于抑制未来的经济衰退。此外,由于家庭持续性的收入水平主要影响家庭未来偿债能力、消费水平,而金融稳定还与流动性风险、债务结构性问题以及借款人的信用相关,因此对家庭部门债务扩张与金融稳定之间关联的影响较弱。

同时,本章的回归结果还发现,家庭对金融资产和房地产投资投机动机的增加会放大家庭部门债务扩张对金融稳定的负面影响,但家庭对消费支出的增加则不会影响家庭部门债务扩张与未来宏观经济金融之间的关联。这主要是因为,相较而言,消费支出并不会导致风险的积聚,而金融资产和房地产投资均为类金融产品,过多投资会诱发虚拟经济膨胀。同时相较而言,金融体系连通性较强,错综复杂,风险将聚集并且易通过资产价格使风险在整个体系内传递。一旦受到负面冲击,会引起更广泛的金融问题,增加金融危机发生的可能性,因此对金融稳定的影响更明显。

此外,家庭部门对未来宏观经济发展预期的不确定性增加能够显著地抑制家庭部门债务扩张对经济增长和金融稳定的负面影响,上述结论验证了本章实证假设 H3-1。这可能是因为当家庭对未来经济发展预期不确定性增加时,家庭部门的预防动机占据主导地位,家庭更保守地进行借贷,降低过度负债行为出现的可能性,从而抑制了家庭部门债务扩张对未来经济发展、金融稳定的作用效果。上述观点似乎与经验直觉并不相符,大部分研究认为经济政策不确定性是一种摩擦,会扭曲经济的资源配置。例如减少企业的投资意愿、家庭部门的消费意愿,甚至加剧经济的短期波动[①](李凤羽和杨墨竹,2015;Carroll,2003)。因此,从经济直觉来看,政策制定部门应当提高政策的靶向性,增强与公众之间的沟通程度,营造预期稳定的政策环境,降低经济政策不确定程

---

① 事实上,经济政策不确定性增强对一国经济并非仅存在负面影响。孟庆斌和师倩(2017)以及顾夏铭等(2018)发现,经济政策不确定性对上市公司的研发投入和专利申请数量具有显著的积极影响,因此相关部门在调整经济政策时,除了看到其对投资产生的负面影响外,也应当看见经济政策不确定性对创新活动产生的积极影响。

度。但实际上，从逻辑来看，本章的结论与现存的研究仍是相符的。
Estrada et al.(2014)发现，金融危机发生后，各国经济不确定性程度加
剧，导致家庭对未来预期收入的不确定性增加，家庭部门的预防动机增
强。在这种情况下，政府即使采用刺激性政策也难以促进家庭消费增
加，帮助经济复苏，因此金融危机之后通常可以观察到长时间的经济衰
退。他们的研究认为当金融危机发生后，即负面冲击已经对家庭部门
造成较大影响时，应当减少经济政策不确定性，帮助家庭部门恢复信
心，增加消费拉动经济增长。除此之外，其他关于经济政策不确定性对
宏观经济有弊的文献也主要集中于探究正常时期或者危机时期经济政
策不确定性对经济主体行为的影响。而本章的研究是立足于家庭部
门债务扩张时期，此时家庭部门债务上涨在一定程度上表明家庭可能
对未来经济形势存在过于乐观的情绪。此时，如果采取某种手段加强
家庭部门的预防性动机，则可以帮助抑制家庭部门因过度乐观导致的
过度负债行为，减少未来发生经济衰退和金融危机的可能性。但本章
的实证结果表明，家庭部门对未来收入预期的不确定性增加则不会出
现同样的作用效果，一方面可能是由于本章采用的 $t-4$ 期到 $t-1$ 期
的家庭可支配收入波动来衡量未来家庭可支配收入的不确定性反映
收入预期的不确定性时可能使结果存在偏差，另一方面，也可能是因
为随着生活水平的不断提高，家庭部门行为不仅仅在于自身当期的可
支配收入，也受自身财富水平变动的影响，因此对收入、财富水平等多
方面的未来经济发展的预期对家庭行为的影响占据更主要的地位。

5.5　稳健性检验

为了保证本章结论的稳健性，本部分分别对表 5-2、表 5-3 以及
表 5-4 进行稳健性检验。

首先,本小节利用技术创新水平的变动代替家庭收入变动(全要素生产率变动)对表 5-2 的结果进行稳健性检验。由于全要素生产率水平受技术创新影响较大,且技术创新水平的提高意味着一国可持续性的产出能力增加,提高家庭收入水平,因此采用技术创新水平的变动作为代理变量具有合理性。

参考现有研究,本章采用代表创新产出的专利来衡量技术创新。数据来源于哈佛大学 Dataverse 数据库。按照一般的做法,本章采用各国专利加总数量来衡量一国技术创新水平。由于专利申请和专利授权之间通常存在较长的时滞性,而专利的申请更能代表一国创新的能力和倾向性,因此本小节采用授权专利的申请年份作为样本中专利所属年份构建各国各年技术创新发展的代理变量。此外,授权专利的申请数量直接从专利数量的角度来反映技术创新程度,但是无法说明专利所蕴含的科学价值,而专利被引用量则可以较好反映专利的重要性。一项专利被引用次数越多,表明该专利受到的重视程度越大,侧面反映其科学价值越强。因此本小节进一步采用专利被引用量来衡量一国专利的重要性,反映技术创新的发展水平。由于授权专利的申请数量和专利被引用量衡量每一期该经济体的技术进步,为了反映 $t-1$ 期至 $t-4$ 期一国科学技术创新发展水平的变化,将这段时期内的专利数量和专利被引用量进行加总,并取其自然对数构建技术创新变动的代理变量(分别记为 $\Delta_3 Innovation_{i,t-1}$ 和 $\Delta_3 Citation_{i,t-1}$),回归结果如表 5-5 所示。

表 5-5 的第(1)列和第(3)列探究的是专利申请数量变动对家庭部门债务扩张与未来经济增长和金融稳定之间关联的影响。第(2)列和第(4)列探究的是专利被引用数量变动对家庭部门债务扩张与未来经济增长和金融稳定之间关联的影响。表 5-5 的结果表明,当被解释变量为经济增长时,专利被引用数量变动与家庭部门债务变动构成的交互项 $\Delta_3 HouseholdDebt_{i,t-1} \times \Delta_3 Citation_{i,t-1}$ 前的系数为正且在 5% 的统计性水平上显著,结论与基准模型保持一致,即技术创新的发展水平提高(生产率水平)有助于抑制家庭部门债务扩张对未来经济增长的负面影响。虽然 $\Delta_3 HouseholdDebt_{i,t-1} \times \Delta_3 Innovation_{i,t-1}$ 前的系数不显著,

但符号仍与预期保持一致。

利用专利申请数量和专利被引用量衡量收入变动的结果不一致的原因可能在于,专利的申请数量难以反映专利所蕴含的科学价值。Griffith 和 Macartney(2014)认为,即使经济体申请的专利数量较多,如果专利主要集中于增量型技术创新(技术含量较小,主要为模仿型的专利),而激进型技术创新(具有突破性的技术)的发展不足,则可能不仅无法促进经济发展,反而会抑制经济增长。因此,相较而言,利用专利被引用量能更好刻画未来持续性的生产率水平、收入水平的变动趋势。

表 5-5　技术创新水平变动对家庭债务扩张经济金融效应的影响(稳健性检验)

变量($t-4$ 期至 $t-1$ 期)	经济增长($\Delta_3 RealGDP_{i,t+3}$)		金融稳定($Probit\{Crisis_{i,t+n}=1\}$)	
	(1)	(2)	(3)	(4)
$\Delta_3 HouseholdDebt_{i,t-1}$	-0.4064 ***	-0.3998 ***	0.0653 **	0.0626 **
	(-3.0138)	(-3.9822)	(2.3762)	(2.1529)
$\Delta_3 Innovation_{i,t-1}$	-1.7432		-0.3456	
	(-1.2696)		(-1.1735)	
$\Delta_3 HouseholdDebt_{i,t-1}$ $\times \Delta_3 Innovation_{i,t-1}$	0.0608		0.0060	
	(1.2713)		(0.4874)	
$\Delta_3 Citation_{i,t-1}$		0.0000 ***		-0.0000
		(7.3024)		(-1.3574)
$\Delta_3 HouseholdDebt_{i,t-1}$ $\times \Delta_3 Citation_{i,t-1}$		0.0848 **		0.0022
		(2.0935)		(0.2178)
$\Delta_3 FirmDebt_{i,t-1}$	-0.0484 *	-0.0451	0.0208 *	0.0179
	(-1.8356)	(-1.5355)	(1.7149)	(1.5138)
$\Delta_3 GovDebt_{i,t-1}$	0.0290	0.0535	0.0150	0.0128
	(0.7074)	(1.5423)	(0.8624)	(0.7679)

续　表

变量($t-4$ 期至 $t-1$ 期)	经济增长($\Delta_3 RealGDP_{i,t+3}$)		金融稳定($Probit\{Crisis_{i,t+n}=1\}$)	
	(1)	(2)	(3)	(4)
$\Delta_3 Trade_{i,t-1}$	$-5.4550**$	$-6.1604**$	$1.1243*$	0.6107
	(-2.2534)	(-2.3092)	(1.9026)	(0.9593)
$\Delta_3 Capformation_{i,t-1}$	-0.1350	-0.1209	-0.0722	-0.0622
	(-1.4650)	(-1.3657)	(-1.5498)	(-1.4811)
$\Delta_3 Inflation_{i,t-1}$	2.6261	2.7367	$-1.3718**$	$-1.3232**$
	(1.1235)	(1.3396)	(-2.5559)	(-2.3451)
$\Delta_3 Population_{i,t-1}$	-0.5576	-0.2370	-0.0610	-0.1326
	(-0.5826)	(-0.2440)	(-0.1398)	(-0.3040)
$Const.$	$22.3276**$	$10.0122***$	-0.2318	$-1.4988***$
	(2.3949)	(16.7371)	(-0.1806)	(-2.6551)
固定效应	控制	控制	控制	控制
$Adj-R^2$	0.4785	0.4865		
$P-R^2$			0.1630	0.1699
样本数	564	564	403	403

注：*、**、***分别表示在 10%、5%和 1%统计性水平上显著；括号中为经过聚类处理以及异方差调整后的 z 值。

　　此外，为了保证表 5-3 结论的稳健性，本小节采用房地产价格指数的变动代替家庭金融、房地产投资投机动机的变动，进行稳健性检验。利用房地产价格指数的变动来衡量投资投机动机变动的原因在于，家庭投资类金融产品的行为增多，会带动房地产价格上涨。考虑到宽松金融环境引起的通货膨胀水平提高也会影响房地产价格，因此，本小节选用 BIS 提供的剔除通货膨胀水平变动影响后的房地产实际价格指数来衡量房地产价格。BIS 提供的房地产实际价格指数以 1995 年为基准,因此本小节采用 $t-1$ 期实际房价指数与 $t-4$ 期的实际房价指数之比作为家庭房地产投资投机动机变化的代理变量(记为 $\Delta_3 Hinvest_{i,t-1}$)。结果如表 5-6 所示。

表 5-6 的第(1)、(2)列和第(4)列是以房地产实际价格指数变动为投资投机动机变化代理变量的回归结果,第(3)列则是利用 Logit 模型对基准模型(5-2)进行稳健性检验。表 5-6 的回归结果表明,当被解释变量为金融稳定时,家庭部门债务变动与房地产价格指数变动交互项前的系数均显著且为正,说明家庭投资更多的房地产会明显加剧家庭部门债务扩张对金融稳定的负面影响,与表 5-3 的结论保持一致。

表 5-6　投资投机动机变动对家庭债务扩张经济金融效应的影响(稳健性检验)

变量($t-4$ 期至 $t-1$ 期)	经济增长	金融稳定		
	$\Delta_3 RealGDP_{i,t+3}$	$Logit\{Crisis_{i,t+n}=1\}$		$Probit\{Crisis_{i,t+n}=1\}$
	(1)	(2)	(3)	(4)
$\Delta_3 HouseholdDebt_{i,t-1}$	$-0.2891***$	$0.2167***$	$0.2217**$	$0.1178***$
	(-3.1113)	(2.9910)	(2.1946)	(3.1330)
$\Delta_3 FHinvest_{i,t-1}$			0.0029	
			(0.5195)	
$\Delta_3 HouseholdDebt_{i,t-1}$ $\times \Delta_3 FHinvest_{i,t-1}$			$0.0018*$	
			(1.7787)	
$\Delta_3 Houseprice_{i,t-1}$	1.0090	$-4.9566**$		$-2.6169**$
	(0.4640)	(-2.4547)		(-2.4955)
$\Delta_3 HouseholdDebt_{i,t-1}$ $\times \Delta_3 Houseprice_{i,t-1}$	-0.1825	$0.6390***$		$0.3503***$
	(-0.7019)	(2.8917)		(3.6029)
$\Delta_3 FirmDebt_{i,t-1}$	-0.0465	0.0251	-0.0092	0.0164
	(-1.4387)	(0.9956)	(-0.5325)	(1.2460)

变量($t-4$ 期至 $t-1$ 期)	经济增长	金融稳定		
	$\Delta_3 RealGDP_{i,t+3}$	$Logit\{Crisis_{i,t+n}=1\}$		$Probit\{Crisis_{i,t+n}=1\}$
	(1)	(2)	(3)	(4)
$\Delta_3 GovDebt_{i,t-1}$	0.0105	−0.0147	0.0606	−0.0082
	(0.2582)	(−0.3923)	(1.5536)	(−0.3898)
$\Delta_3 Trade_{i,t-1}$	−0.9196	0.2212	2.3655	0.0660
	(−0.2988)	(0.1434)	(0.9876)	(0.0883)
$\Delta_3 Capformation_{i,t-1}$	−0.1972 *	−0.0806	−0.0947	−0.0489
	(−1.9843)	(−0.9611)	(−0.7193)	(−1.0907)
$\Delta_3 Inflation_{i,t-1}$	−5.8570	3.4198	−2.8686	2.0947
	(−0.5615)	(0.6768)	(−0.4806)	(0.7667)
$\Delta_3 Population_{i,t-1}$	−0.2474	0.1518	1.3398	0.0747
	(−0.1695)	(0.1606)	(0.8487)	(0.1445)
$Const.$	6.9105 **	2.7110	0.7602	1.3551
	(2.6026)	(1.3013)	(1.1843)	(1.2668)
固定效应	控制	控制	控制	控制
$Adj-R^2$	0.2415			
$P-R^2$		0.2488	0.2953	0.2458
样本数	541	442	211	442

注：*、**、*** 分别表示在 10%、5% 和 1% 统计性水平上显著；括号中为经过聚类处理以及异方差调整后的 z 值。

本章第 4 小节采用的是 Baker et al.(2016)编制的经济政策不确定性指数作为家庭对未来经济预期不确性的代理变量，由于该指标仅涵盖 23 个国家和地区，因此回归包含样本国家数量较少。为了弥补基准模型的不足,考虑到随着经济一体化程度的加深,一国经济政策不确定性受到其他国家经济政策变动的影响越来越大,因此如果全球主要经济体的经济政策不确定性加强,其他国家的经济政策不确定性也会受到影响,导致其他国家家庭对未来宏观经济发展的预期不确定性增加。因此,本小节利用 Baker et al.(2016)构建的全球经济政策不确定性作为数据库中未包含国家的经济政策不确定性的代理指标,对表 5-4 的结论进行稳健性检验。相关结果如表 5-7 所示。

表 5-7 的结果表明,当被解释变量为经济增长时,家庭部门债务变动与经济政策不确定性变动的交互项 $\Delta_3 HouseholdDebt_{i,t-1} \times \Delta_3 EPUG_{i,t-1}$ 前的系数在 1% 的统计性水平上显著为正,当被解释变量为金融稳定时,家庭部门债务变动与经济政策不确定性变动的交互项 $\Delta_3 HouseholdDebt_{i,t-1} \times \Delta_3 EPUG_{i,t-1}$ 前的系数在 10% 的统计性水平上显著为负。上述结果表明,家庭部门对未来经济发展预期的不确定性的增加能够显著地抑制家庭部门债务扩张对经济增长和金融稳定的负面影响,与表 5-4 的主要结论保持一致。

表 5-7　预期不确定性变动对家庭债务扩张经济金融效应的影响(稳健性检验)

变量($t-4$ 期至 $t-1$ 期)	经济增长($\Delta_3 RealGDP_{i,t+3}$)		金融稳定($Probit\{Crisis_{i,t+n}=1\}$)	
	(1)	(2)	(3)	(4)
$\Delta_3 HouseholdDebt_{i,t-1}$	$-0.3412***$	$-0.3774***$	$0.0507**$	$0.0589**$
	(-4.1680)	(-4.5752)	(2.1403)	(2.3216)
$\Delta_3 EPUG_{i,t-1}$	0.0080	0.0001	$-0.0083***$	$-0.0071***$
	(1.2920)	(0.0104)	(-3.3161)	(-2.9097)
$\Delta_3 HouseholdDebt_{i,t-1} \times \Delta_3 EPUG_{i,t-1}$		$0.0054***$		$-0.0008*$
		(3.2739)		(-1.9341)

变量($t-4$ 期至 $t-1$ 期)	经济增长($\Delta_3 RealGDP_{i,t+3}$)		金融稳定($Probit\{Crisis_{i,t+n}=1\}$)	
	(1)	(2)	(3)	(4)
$\Delta_3 FirmDebt_{i,t-1}$	$-0.0190**$	$-0.0238***$	$0.0118**$	$0.0124**$
	(-2.4610)	(-3.7409)	(2.2884)	(2.2431)
$\Delta_3 GovDebt_{i,t-1}$	-0.0054	-0.0040	0.0059	0.0060
	(-0.2466)	(-0.1793)	(0.5573)	(0.5874)
$\Delta_3 Trade_{i,t-1}$	-0.3904	-0.5497	-0.2287	-0.1945
	(-0.2254)	(-0.3265)	(-0.2701)	(-0.2313)
$\Delta_3 Capformation_{i,t-1}$	0.0175	0.0532	$-0.0788**$	$-0.0843***$
	(0.2034)	(0.6108)	(-2.4609)	(-2.6903)
$\Delta_3 Inflation_{i,t-1}$	-0.8800	-0.2578	$-1.0978**$	$-1.2552***$
	(-0.4976)	(-0.1381)	(-2.3328)	(-2.6845)
$\Delta_3 Population_{i,t-1}$	0.1707	0.1926	-0.0853	-0.1481
	(0.2190)	(0.2557)	(-0.2424)	(-0.4379)
$Const.$	$10.6939***$	$11.0745***$	$-0.6376***$	$-0.6798***$
	(30.4361)	(28.8347)	(-5.0573)	(-5.3151)
固定效应	控制	控制	控制	控制
$Adj-R^2$	0.4484	0.4702		
$P-R^2$			0.2552	0.2699
样本数	1131	1131	433	433

注：*、**、*** 分别表示在 10%、5% 和 1% 统计性水平上显著；括号中为经过聚类处理以及异方差调整后的 z 值。

5.6　本章小结

本章在第 3 章和第 4 章的研究基础上,从影响家庭债务扩张资金需求方驱动因素变化的角度,探究了家庭部门债务扩张对经济增长和金融稳定影响的异质性。利用跨国面板数据,实证分析了主要影响家庭部门债务扩张的三个资金需求方驱动因素,家庭收入水平、家庭投资投机动机以及家庭对未来收入和经济预期不确定性的变化对家庭部门债务扩张与经济增长和金融稳定之间关联的影响。研究结果表明:第一,家庭短期收入水平的变化不会影响家庭部门债务扩张对经济增长和金融稳定的作用,但影响家庭长期收入水平的全要素生产率、科技水平的提高有助于抑制家庭部门债务扩张对未来经济增长的负面影响。第二,基于对金融资产、房地产投资投机动机增加的家庭部门债务扩张对金融稳定的负面影响更大,而家庭消费动机的增强并不会影响家庭债务扩张对金融稳定的作用效果。第三,家庭对未来收入不确定性增加不会影响家庭部门债务扩张对未来经济增长和金融稳定的作用,而对未来宏观经济发展预期的不确定性增大反而有助于抑制家庭部门债务扩张对未来经济增长和金融稳定的负面影响。

本章的结论表明,影响家庭债务扩张资金需求方驱动因素的变动会导致家庭部门债务扩张对经济增长和金融稳定的影响出现异质性。因此,监管部门和宏观经济决策部门在面对家庭部门债务扩张问题时,应当结合不同的影响家庭部门债务扩张资金需求方驱动因素的变动判断家庭部门债务扩张的合理性以及其可能对未来经济金融发展的影响。本章的研究表明伴随着一国生产率水平、技术创新水平的提高(意味着家庭可持续性的收入增加)而出现的家庭部门债务扩张对未来经济增长的负面影响较小。因此宏观经济决策部门在此时应更多以监督为主,而无须采取过激的干预行为。同时,可以利用营造良好的实体投资和创新氛围、减免创新活动税负等方式,促进技术创新发展,提高生产率水平,化解家庭部门债务扩张带来的风险问题。同时,本章的结论发现,家庭部门过多投资金融资产、房地产时,家庭部门债务扩张对未来金融稳定的负面影响更大。因此,政府和金融监管部门可以适当采取干预政策,防止家庭资金过多流向虚拟经济部门,缓解家庭部门债务扩张对未来经济金融的影响。

此外,本章的研究结论还表明,如果在家庭部门债务扩张时期,政府适当降低经济政策的可预期性,反而有助于抑制家庭部门债务扩张对未来经济增长和金融稳定的负面影响。这主要是通过影响家庭对未来经济发展的乐观情绪,增加家庭预防性动机,从而降低了家庭过度负债可能性的渠道作用于家庭部门债务扩张经济金融效应。本章的结论也表明,虽然现有研究认为经济政策不确定性是一种摩擦,会扭曲经济的资源配置,但在某些特定的经济环境下,经济政策不确定性也有利于平稳经济波动、促进经济发展。事实上,现有的一些研究已经发现,经济政策不确定性对不同的经济活动存在差异性的影响,对于某些经济活动的影响反而有利于促进经济发展。例如,顾夏铭等(2018)发现,经济政策不确定性增加对上市公司的研发投入和专利申请数量具有显著的积极影响。因此,监管部门和宏观经济决策部门,应根据不同的经济发展阶段、不同的经济问题,权衡经济政策不确定性对经济的作用效果。在经济过热时期,可以顺势配合逆周期干预政策,降低此时实施经济政策的透明度,减少家庭预期确定性,增强包括家庭部门在内的各经济部门的预防性动机,防止过度乐观引起的金融风险。而在经济衰退时期,政府等部门可以通过加强与经济主体的沟通、增加政策实施可信度等方式,降低经济政策的不确定性,增强各经济主体对未来经济发展的可预见性和信心,从而有助于振兴经济。

第6章 制度因素和家庭特征视角下家庭部门去杠杆对经济增长和金融稳定的影响

6.1 导言

本书的第3章、第4章和第5章探究了家庭部门债务扩张对未来经济增长和金融稳定的影响,并从经济体发展阶段和影响家庭部门债务变动的因素视角探究了家庭部门债务扩张对经济增长和金融稳定影响可能存在的异质性。

上述章节从家庭部门债务扩张的角度出发,关注事前家庭债务扩张阶段对未来宏观经济发展、金融稳定可能产生的影响。考虑到现阶段,包括我国在内的各经济体可能都面临家庭部门债务水平过高的现实,一些经济体家庭部门债务水平甚至接近金融危机发生前的历史峰值,家庭债务扩张不具有可持续性,家庭部门去杠杆是未来可预期的趋势这一现实,有必要进一步分析家庭部门去杠杆对经济增长和金融稳定的影响。

20世纪90年代末以来,针对亚洲金融危机和2008年美国次贷危机后不同国家包括家庭部门在内的各经济部门去杠杆过程中宏观经济金融的变化,部分学者分析了家庭部门去杠杆对经济增长和金融稳定的影响。现有研究认为,家庭部门去杠杆会显著抑制家庭部门的消费支出,进而影响一国产出水平(Midrigan 和 Philippon,2011;Mian et al.,2013)。此外,家庭部门去杠杆也会导致家庭违约行为增加,通过影响金融资产价格作用于包含金融机构在内的其他经济主体,加剧金融不稳定程度(Glick 和 Lansing,2010;Bouis et al.,2013)。

事实上,从经济体家庭部门去杠杆的历史经验来看,家庭部门去杠杆对经济增长和金融稳定的影响在不同经济体中存在一定的差异。2008 年金融危机后,包括西班牙家庭部门在内的各经济部门均经历了长时间的去杠杆过程,这一过程长达九年,给西班牙经济的增长和稳定带来了长期持续的负面影响。与之相对的,20 世纪 80 年代末,芬兰家庭部门和非金融企业部门经历了去杠杆过程,虽然此过程中家庭部门增加储蓄、企业部门减少投资等行为对经济体造成了冲击,但去杠杆后,芬兰迅速恢复经济增长,并较好地控制了债务水平。从现有研究来看,导致西班牙经济复苏缓慢的一个重要原因在于其属于欧元区成员国之一,货币政策缺乏独立性,只能依靠欧洲央行提供流动性支持。而芬兰除了采用了及时向银行提供流动性、存款保证等方式帮助稳定金融系统对冲欧洲货币危机的冲击外,还采取了自由浮动汇率制度,从而不受德国提高名义利率的货币政策影响,能够实施较为宽松的货币政策帮助刺激去杠杆时期经济主体的消费、投资行为,从而带动经济迅速复苏。不同货币政策独立性下,家庭部门去杠杆后宏观经济复苏的差异是否意味着货币政策独立性会对家庭部门去杠杆与经济增长和金融稳定的关联产生影响?事实上,Mian et al.(2017)已经发现,当一国实施固定汇率制度时,货币政策实施空间受到约束,因此家庭部门债务扩张对未来经济增长存在更明显的抑制作用。货币政策独立性下降,会使一国在危机期间更易受他国政策实施的影响,而无法更好对冲风险,甚至可能加剧去杠杆的负面影响。由于货币政策独立性受一国的制度因素影响较大[①]，其中一国实施的汇率制度和资本账户开放程度等制度因素对其起着至关重要的作用(Mundell,1961)。因此，在分析家庭部门去杠杆对经济增长和金融稳定的影响时，有必要从经济体的制度因素角度出发，进一步考察影响货币政策独立性的汇率制度和资本账户开放制度的差异是否会导致家庭部门去杠杆对经济增长和金融稳定的影响出现异质性。

　　进一步的现有微观层面的研究表明，家庭个体特征会影响家庭行为(姜正和和张典,2015;吴卫星等,2018;潘敏和刘知琪,2018)，家庭部门去杠杆主要通过家庭消费、储蓄等行为影响宏观经济增长和金融稳定。那么除了宏观层面的制度因素外，经济体家庭部门特征差异是否也会导致家庭部门债务变动对经济增长和金融稳定的影响出现异质性？事实上，历史经验表明，虽然日本和美国货币政策独立性均较高[②]，但两者在去杠杆过程后仍经历了不同的经济发展阶段。包含家庭部门在内的各经济部门去杠杆对日本经济存在持续性的负面影响，是 20 多年来日本经济长期低迷的重要原因之一。而美国各部门进入去杠杆进程后，在经历了短期的经济衰退后，经济迅速复苏，并成为发达经济体中最先退出非常规货币政策的国家。除了宏观层面的特征差异（例如金融结构等）外，日本和美国家庭部门的金融决策能力、参与倾向明显不同。由于日本是以间接金融为主的国家，与美国家庭相比，日本家庭参与资本市场的程度相对有限，因此金融知识认知相对不足，家庭金融

---

①　虽然国内因素也会对货币政策独立性产生影响，但本章主要根据三元悖论理论考虑他国经济、政策溢出效应对本国的影响。

②　虽然日本和美国资本账户自由开放，但由于大国地位，货币政策受他国政策的影响较小，因此拥有较强的货币政策独立性。Aizenman et al.(2010)构建货币政策独立性指标时，将美国作为其他国家货币政策独立性指标测算的基准国之一，认为美国货币政策对其他国家货币政策的影响较强。同时，根据 Aizenman et al.(2010)测算，日本货币政策独立性指标均值为 0.4665，高于全样本均值 0.4380，因此认为具有较高的货币政策独立性。

素养水平相对较低。71％的日本成年人不具备基本的证券相关知识(朱涛等,2017)。此外,根据标准普尔评级服务全球金融扫盲调查,日本家庭金融素养得分为 0.43[①],与之相对,美国家庭金融素养得分为 0.57,后者比前者高出近三分之一。上述经验事实是否意味着,经济体家庭部门金融素养特征的差异也可能是导致家庭部门去杠杆对经济增长和金融稳定影响存在异质性的一个原因?

　　基于上述问题意识,本章通过构建家庭部门去杠杆指标,首先探究了家庭部门去杠杆对经济增长和金融稳定的影响,在此基础上,从经济体的制度因素和家庭部门特征的角度,分别探讨了汇率制度、资本账户开放程度以及家庭金融素养对家庭部门去杠杆与经济增长和金融稳定之间关联的影响。本章的实证结果表明:第一,家庭部门去杠杆会显著地抑制经济增长,同时加剧金融不稳定程度;第二,当一国汇率制度灵活度更低、资本账户开放程度更高、货币政策独立性更低时,家庭部门去杠杆对经济增长和金融稳定的负面影响更明显;第三,家庭部门金融素养水平的提升有助于抑制家庭部门去杠杆对经济增长和金融稳定的负面影响。

　　本章立足于国际经验中家庭部门去杠杆进程中不同经济体经济增长和金融稳定表现存在差异这一事实,在构建家庭部门去杠杆指标实证检验家庭部门去杠杆对经济增长和金融稳定影响的基础上,进一步从经济体的宏观制度因素和家庭部门特征的角度,考察了家庭部门去杠杆对经济增长和金融稳定影响的异质性,为客观理解家庭部门去杠杆对宏观经济增长和金融稳定的影响提供了跨国的经验证据,同时也为家庭部门去杠杆政策的制定提供了基于制度因素、家庭特征视角的新思路。

---

　　① 表明 43％的受访者具备基本金融知识。

6.2　理论分析和研究假设

6.2.1　家庭部门去杠杆对经济增长和金融稳定的影响

20 世纪 90 年代末以来,针对亚洲金融危机和 2008 年美国次贷危机后不同国家包括家庭部门在内的各经济部门去杠杆过程中宏观经济金融的变化,部分学者分析了家庭部门去杠杆对经济增长、金融稳定的影响。从现有研究的梳理来看,家庭部门去杠杆会导致经济增长放缓,同时加剧金融脆弱性。

一方面,家庭部门去杠杆会影响家庭消费支出,导致一国经济增长放缓。Caroll(2003)发现当经济受到负面冲击后,进入去杠杆进程时,家庭部门的储蓄水平明显增加,这主要是因为家庭的预防动机加强,从而导致消费下降。Midrigan 和 Philippon(2011)发现随着家庭部门债务水平的下降,失业率呈现明显的增长趋势,同时产出水平出现大幅下降。Hall(2011)与 Eggertsson 和 Krugman(2012)发现家庭部门去杠杆会对经济增长产生负面影响,如果此时经济体处于零利率下限困境,则会因为政府难以实施刺激性货币政策刺激家庭消费而导致经济陷入更大幅度的衰退。Dynan 和 Edelbeg(2013)利用美国 2007 年至 2009 年家庭微观调查数据发现,具有高杠杆的房屋持有者在 2007 年至 2009 年期间消费支出的下降幅度远高于其他家庭。同时他们发现这些家庭在此期间财富净值变化不大,说明消费支出的下降主要是由偿还债务引起,去杠杆会导致消费的疲软,引起经济衰退。McCarthy 和 McQuinn(2017)同样发现家庭部门的去杠杆行为会对消费支出产生明显的影响。

另一方面,家庭部门去杠杆会增加家庭部门的违约行为,加剧金融体系的不稳定性。Di Maggio 和 Kermani(2017)发现家庭部门去杠杆主要作用于债务水平较高的家庭,这类家庭往往属于收入较少、财富水平较低的家庭,因此在去杠杆期间发生违约行为的概率更大,从而对金融稳定造成负面影响。Glick 和 Lansing(2010)发现家庭部门去杠杆进程中,家庭违约行为的比例上升。由于家庭部门的债务为银行部门资产的主要构成,因此家庭部门违约行为的增加会影响金融机构的资产端,将风险传递到金融部门,最终造成整个金融体系的不稳定程度加剧。Bouis et al.(2013)也发现在家庭部门去杠杆的过程中,不仅家庭的违约行为会增加,金融资产和房地产资产的估值也会受到影响。从而将金融风险传递至其他的部门,甚至导致金融危机的发生。

基于对上述文献的梳理,同时结合本书第 3 章的结论,本章提出实证假设 H1。

H1:家庭部门去杠杆会导致经济增速放缓,同时加剧金融不稳定性。

6.2.2 制度因素与家庭部门去杠杆对经济增长和金融稳定的影响

理论上,当一国货币政策独立性下降时,家庭部门去杠杆对经济增长和金融稳定的负面影响更明显。Hall(2011)、Eggertsson 和 Krugman(2012)认为如果存在宏观层面的摩擦使货币政策的实施空间受阻,在家庭部门去杠杆时期,一国将难以实施有效的政策措施帮助抵消家庭去杠杆带来的负面冲击对经济增长的影响。Mundell(1961)认为经济体实施固定的汇率政策,或者当经济体具有更高水平的资本账户开放程度时,均可能约束经济体货币政策的实施空间,降低货币政策独立性水平。特别是当一国同时实施固定汇率制度,并且保持资本完全自由流动,此时货币政策将丧失独立性,无法针对国内情况选择相应的货币政策,上述理论又被称为三元悖论理论。

　　近年来,特别是 2008 年国际金融危机后美国量化宽松货币政策的实施和退出导致大部分新兴市场国家出现资本"大进大出"现象,二元悖论理论开始兴起(Rey,2015)。二元悖论理论认为,随着全球金融一体化程度的加强,全球金融周期逐渐趋同,汇率制度的选择对于一国货币政策独立性的影响似乎越来越弱,而资本自由流动对一国货币政策选择空间的影响越来越强,因此只需要权衡资本账户开放程度与货币政策独立性程度的选择。虽然三元悖论和二元悖论的讨论仍在继续,也未能达成共识,但现有研究仍在一定程度上表明,即使汇率制度的选择对货币政策实施空间的影响在下降,但仍不可忽视。Kim 和 Lee(2008)在研究汇率制度的选择是否会影响国内利率对其他国家利率敏感性时发现,实施浮动汇率制度的国家比实施盯住汇率制度的国家对国际利率变动的敏感性更小,货币政策独立性更大。浮动汇率制度有助于吸收外部冲击,而资本账户开放程度的下降可以减轻经济体受外部冲击的影响,因此,二者均可使货币政策能够更关注解决国内问题(范小云等,2015),降低货币政策实施面临的约束。Mian et al.(2017)同样发现当一国实施固定汇率制度时,家庭部门债务扩张对未来经济增长的抑制效应更加明显。伍戈和陆简(2016)的研究认为,面对如今的国际经济形势,资本账户开放对一国货币政策独立性的影响越来越重要。基于此,本章提出实证假设 H2。

　　H2:当经济体汇率制度更倾向于固定汇率制度时,家庭部门去杠杆对经济增长和金融稳定的影响更明显;当经济体资本账户开放程度更高时,家庭部门去杠杆对经济增长和金融稳定的影响更明显。

6.2.3　家庭金融素养与家庭部门去杠杆对经济增长和金融稳定的影响

　　随着社会各界对家庭金融知识、金融素养的关注度逐渐加强,学者们也开始探讨家庭金融知识、金融素养的重要性。家庭的金融素养,对金融知识的认识程度会影响家庭的金融投资行为、财务决策(Hilgert et al.,2003),是家庭金融决策能力的一种体现。

现有研究表明,拥有较高金融素养的家庭借贷成本更低。Disney和Gathergood(2011)的研究发现,相较于金融素养较高的家庭而言,金融素养较低的家庭往往面临的借贷成本更高。Stango和Zinman(2009)发现如果贷款人不理解复利计算的含义,在很大程度上会低估贷款的真实利率,承担了比自身预估更高的贷款成本,出现过度负债行为。Gathergood和Weber(2017)通过对英国家庭微观调查数据进行分析时发现,金融素养水平较低的家庭由于无法理解各金融产品之间的差异,更容易选择成本较高的可替代抵押贷款产品(称为AMP),而金融素养水平较高的家庭则更可能选择成本相对较低的可调利率贷款产品(称为ARM)。

此外,拥有更高金融素养的家庭能够更好地利用金融工具、金融产品达到获取收益、规避市场风险的目的。曾志耕等(2015)发现,金融素养较高的家庭拥有的资产组合分散程度较高,相对风险较低。Lusardi和Mitchell(2007)发现金融决策能力较高的家庭积累的财富水平要明显高于金融决策能力较低的家庭。Campbell(2006)发现学历水平较低的家庭不太可能利用抵押贷款进行再融资行为。

通过对上述文献的梳理,发现家庭金融素养可能会影响家庭部门去杠杆对经济增长和金融稳定的影响。一方面,较高的金融素养使家庭能更合理进行资产配置、选择更低的借贷成本,从而增强应对负面冲击的能力。另一方面,在受到负面冲击后,较好的金融素养也能帮助家庭理解并使用政策性金融工具,降低违约行为出现的可能性,从而部分抵消家庭部门去杠杆对经济的负面影响。基于此,本章提出实证假设H3。

H3:当经济体家庭部门金融素养水平较高时,家庭部门去杠杆对经济增长和金融稳定的负面影响较小。

6.3　研究设计

6.3.1　变量说明与数据来源

(1)家庭部门去杠杆指标。本章参考 Bezemer 和 Zhang(2014)构建信贷周期的方式来识别家庭部门去杠杆进程。首先利用 HP 滤波将家庭部门债务/GDP 分解为趋势项和周期项,并保留周期项。需要注意的是,在此过程中,HP 滤波所选用的平滑参数 λ 至关重要。由于本章数据为年度数据,在研究经济周期相关问题时,通常选择 $\lambda=6.25$ 或者 $\lambda=100$ 作为平滑参数。但本章研究对象家庭部门债务与金融周期关系更密切,而且相关研究表明,相较于非金融企业部门,家庭部门的债务变动与金融周期更为吻合。基于此,本章参考 Drehmann et al.(2010)的研究选择更适合于处理金融周期相关问题的平滑参数。Drehmann et al.(2010)的研究发现,金融周期约为经济周期的三到四倍,因此用对应平滑参数的 3^4 或 4^4 计算出的平滑参数能更好吻合历史经验数据。在此部分本章利用 6.25×4^4 算出的 1600 作为本章基准模型中 HP 滤波平滑参数的选择,而在稍后采用三倍计算出的 500 作为平滑参数进行稳健性检验。

经过 HP 滤波处理后的家庭部门债务/GDP 周期项与 BIS 定义的信贷产出缺口类似,为方便阐述,在此处本章将家庭部门债务/GDP 的周期项称为家庭信贷产出缺口,代表着家庭部门债务/GDP 与其长期趋势项之间的差值。当该指标正向偏离 0 越大,意味着当期该国家庭部门债务扩张越大。而当该指标负向偏离 0 越大时,则意味着当期该国家庭部门债务紧缩程度越大。在此基础上,本章进一步按照国家分别计算出每个国家国内家庭部门信贷产出缺口的标准差。随后,按照国家来构

建家庭部门去杠杆指标。参考 Bezemer 和 Zhang(2014)以及马勇等
(2016)的研究,当一国某年国内家庭部门信贷产出缺口的值为负,且负向
偏离程度大于一个标准差时,该国信贷紧缩程度较大,将其称为该国家庭
信贷产出缺口的一个峰谷期。随后从这一年往前递推,寻找局部极大值
点,即前后一年的家庭债务/GDP 周期项数值均小于该年周期项的数值的
年份,并将该年定义为一个峰顶期。从峰顶期的下一年开始到峰谷期,表
明家庭部门债务逐步减少并负向偏离长期趋势越大的一个过程,认为是
家庭部门的去杠杆时期。本章将该区间内的年份定义为1,不在该区间内
的年份定义为0,构建虚拟变量,此虚拟变量即为文中家庭部门去杠杆的
指标,记为 DEL。上述指标构建过程如图 6-1 所示。

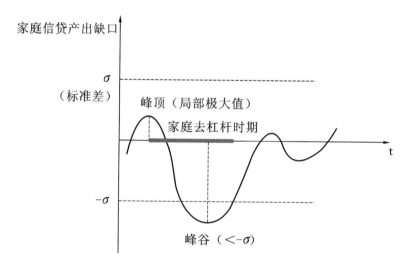

图 6-1　家庭部门去杠杆指标构建示意图

虽然除了利用 HP 滤波法分离债务/GDP 的周期项和趋势项识别
经济部门去杠杆区间外,还有研究根据债务紧缩的程度来识别去杠杆
区间。例如马勇等(2016)在识别金融去杠杆区间时认为,当一国国内私
人部门信贷/GDP 增长率,至少连续三年增长率为负,并且三年总共下
降幅度大于 10% 时,国家处于金融去杠杆进程中。此外,Gorton 和
Ordonez(2016)对于债务扩张时期的定义为债务增长率持续三年为正,
且累计增长幅度超过 5% 时,经济体处于债务扩张时期。而当经济体债

务增长率连续两年为负,标志着债务扩张时期的结束。但采用上述债务扩张、紧缩幅度的方式来识别家庭部门加杠杆和去杠杆区间可能存在两方面的问题。一方面,家庭部门债务扩张、紧缩幅度确定没有统一的标准,主观性过强,不同的界定标准识别出的加杠杆、去杠杆区间差异过大。另一方面,各经济体债务增长率本身存在差异,在未剔除长期趋势项影响的情况下,采用统一的标准进行衡量容易导致偏差。例如,对于有些经济体而言,10%的紧缩幅度较为少见,可以认为经济体进入债务紧缩期。但对于某些经济体而言,这种紧缩可能是常态,此时识别的去杠杆区间不一定具有可比性。基于上述原因,本章主要采用了常规研究中使用更多的方法,利用信贷产出缺口变动识别去杠杆区间。

(2)金融稳定(记为 FSindex)。虽然本书的第 3 章、第 4 章和第 5 章均采用以金融危机发生的概率作为金融稳定的反向指标。但理论上,只有持续性的去杠杆过程才可能较明显地影响金融危机的发生概率,单期去杠杆对经济体是否发生金融危机的影响较小。考虑到本章所用的模型和考察的问题,更关注家庭部门去杠杆对经济影响的短期效应,因此在此处选用二元变量金融危机并不合适。参考现有研究,本章采用综合性指标构建金融稳定的代理变量。

国际基金货币组织(IMF)从不同的方面对一国金融体系进行了考察,提供了一系列关于一国金融稳健性的衡量指标,该体系涵盖 12 个核心类指标和 28 个鼓励类指标。参考以往学者对金融稳定指标的研究(Gersl 和 Hermanek,2007;Morales 和 Estrada,2010;何德旭和娄峰,2011;何国华和童晶,2018),本章主要从金融机构资本充足率、资产质量、外汇敞口、资产流动性以及收益和盈利能力五个方面进行衡量。对应选取的指标如表 6-1 所示①,数据来源国际货币基金组织 FSIs

---

① 诚然,采用上述五个指标实际上衡量的是银行部门的稳定性,如果希望衡量整体的金融部门稳定性,应该同时考虑金融市场稳定性、宏观经济稳定等因素的影响。但一方面由于数据的限制,选取更多的指标会导致样本大幅减少,另一方面考虑到银行是金融体系中最重要的组成部分,因此采用银行部门的稳定性来指代金融体系的稳定性具有合理性。

(Financial Soundness Indicators)数据库。

　　具体的,本章选取监管资本与风险加权资产之比衡量金融机构的资本充足率,该指标反映了受监管的资本与风险加权资产的相对大小,该指标越大,表明金融机构资本越充足,一国银行部门金融稳定程度越高,因此监管资本与风险加权资产之比是金融稳定的正向指标。金融机构资产质量的代理变量为扣除准备金后的不良贷款与资本之比,由于不良贷款率越高表明违约风险越大,银行部门的金融风险越高,因此该指标为金融稳定的逆向指标。本章采用外汇净敞口头寸与银行资本之比衡量金融机构的外汇敞口大小,揭示了存款吸收机构的外汇风险暴露程度,代表了银行资产负债表所面临的外汇风险,因此为金融稳定的逆向指标。采用流动性资产与总资产之比作为金融机构的资产流动性的代理变量,该指标衡量了可用于满足预期和未预期现金需求的资金占比,流动性越强意味着银行能更好应对负面冲击,因此该指标为金融稳定的正向指标。此外,由于利息收入为存款吸收机构总收入的一个重要组成部分,利差收入可以在一定程度上衡量银行的盈利能力,因此本章采用利差与总收入之比作为金融机构收益和盈利能力的代理变量。利差收入越大意味着当受到负面冲击时,银行等金融机构可以更好利用盈利资金吸收损失而减少对自身资本的影响,因此该指标为金融稳定的正向指标。

　　构建综合性指标时各分指标权重的选择较为重要,通常而言,存在如下五种方法确定各分指标权重:主成分分析法、按照各变量重要性设定权重、采用样本分布函数进行确定、利用宏观经济模型数值模拟的结果进行确定以及采用等方差法(Variance-equal weight method)确定。本章参考 Morales 和 Estrada(2010)以及何德旭和娄峰(2011)的研究方法采用等方差方法构建金融稳定指标。这种方法是文献中常用的客观赋值法,主要思想为首先对每个指标的方差进行归一化处理,随后分配

等权重①构建综合指标,如下模型(6-1)所示:

$$FSindex = \sum_{i=1}^{n} w_i \left[\frac{x_{it} - \overline{x_{it}}}{\sigma_i} \right] \tag{6-1}$$

其中 σ_i 为指标 i 的标准差, $\overline{x_i}$ 是指标 i 的平均值。采用 $\left[\frac{x_{it} - \overline{x_{it}}}{\sigma_i} \right]$ 对指标进行标准化处理可以衡量基础指标对其均值的相对方差偏离度,偏离度越大代表该指标的变化程度越大,因此对金融稳定变动的贡献也相应较大②。同时,为了使所选的指标对金融稳定的作用力趋于一致,按照何德旭和娄峰(2011)的思想,对逆指标取其倒数。w_i 为各指标的权重,在本章中为 0.2。构建完综合指标后,对该指标采用 $x = \frac{x - x_{min}}{x_{max} - x_{min}}$ 的方式进行标准化处理,使其取值范围限定在 0 到 1 之间,该指标越大代表经济体金融稳定程度越高,为金融稳定的正向指标。

表 6-1　金融稳定指标构成说明

类别	基础指标	正向指标	逆向指标
资本充足率	监管资本与风险加权资产比率	√	
资产质量	扣除准备金后的不良贷款净额与资本的比率		√
外汇敞口	外汇净敞口头寸与资本的比率		√
资产流动性	流动资产与总资产比率	√	
收益和盈利能力	利差与总收入比率	√	

资料来源:国际货币基金组织网站 FSIs 数据库。

———————

① 诚然,主成分分析法也是一种常用的客观赋值法,但采用主成分分析法要求指标间具有较强的相关性以便进行降维处理,但经过检验,发现本章所选的五个指标的 KMO 小于 0.5,不适合采用主成分分析法进行处理。

② 如果指标基本不发生改变,那么金融稳定的变动受其变动影响的可能性较小。

（3）汇率制度。本章汇率制度来源于 Ilzetzki et al.(2008)构建的汇率制度数据库,该数据库包含 194 个国家和地区 1946 年至 2016 年的汇率制度安排。参考 Mian et al.(2017)的研究方法,本章删除汇率制度类别为自由落体的国家和地区。Ilzetzki et al.(2008)将通货膨胀水平超过 40% 的国家和地区定义为自由落体汇率制度,因为无论汇率制度是属于固定汇率制度、中间汇率制度还是浮动汇率制度,此时均会因为过高的通货膨胀水平丧失了原本汇率制度的约束能力,因此将其归为单独的一类。由于自由落体汇率制度的产生往往代表一国经济出现了较严重的问题,不能反映正常经济发展的情况,将拥有此类汇率制度的国家和地区纳入考量范围,会导致结果产生偏差,因此将其剔除。Ilzetzki et al.(2008)将其余汇率制度分为了四种类别[1],根据汇率制度数据库中的定义,本章认为其中第 1 类和第 2 类的汇率制度更偏向于固定汇率制度,汇率制度的灵活性较低,将其看作一组。而第 3 类和第 4 类的汇率制度更偏向于浮动汇率制度,汇率制度的灵活性较高,因此将此两类看为一组。按照上述分组构建虚拟变量 group1,将第 1 类、第 2 类记为 1,第 3 类和第 4 类记为 0。

（4）资本账户开放程度。本章采用通常研究中使用的 Chinn 和 Ito(2006,2008)提出的 KAOPEN 指数来衡量一国资本账户开放程度。KAOPEN 指数是根据 ARERAER(成员国汇兑和贸易体制特征总结表)编制的。指标主要考察一国对于外部账户的四个方面的限制,即对外交易是否存在多重汇率制度、对经常账户的交易是否设置了限制、对资本账户的交易是否设置了限制,以及是否存在出口收益上交的相关要求。对应上述四个问题分别构建四个虚拟变量,由于该数据主要为

---

① 其中第 1 类和第 2 类包括没有单独的法定货币的汇率制度、预先宣布挂钩或者货币委员会安排的汇率制度、预先公布的浮动区间小于等于＋/－2% 的汇率制度、事实上的挂钩、预先宣布爬行盯住、预先公布的爬行盯住区间小于等于＋/－2% 的汇率制度、事实上的爬行盯住、事实上的爬行区间小于等于＋/－2% 的汇率制度。第 3 类和第 4 类包括预先公布的爬行宽度大于等于＋/－2% 的汇率制度、事实上的爬行区间小于等于＋/－5% 的汇率制度、移动范围小于等于＋/－2%(随时间推移允许升值或者贬值)的汇率制度、有管理的浮动制度、自由浮动制度。

了考察国家资本账户开放程度,因此 Chinn 和 Ito(2008)对于不存在上述情况、限制的样本记为 1,而将存在上述情况、限制的样本记为 0。同时,对于资本账户交易是否存在限制的指标,他们采用 5 年窗口的平均值来衡量。随后对上述四个变量采用主成分分析法,进行降维处理,构建 KAOPEN 指数。主成分分析的过程表明,除了资本账户交易是否受到限制会影响资本账户开放程度外,其他三个变量同样会影响资本账户开放程度。这是因为即使一个国家的资本账户是开放的,但如果该国仍可以通过限制经常账户的交易或者采用多种汇率制度、要求放弃出口收益等手段间接限制资本在国际的流动,那么仍不应当认为其资本账户完全开放。因此,将上述三个方面纳入考虑可以更全面地刻画实际上的资本账户开放程度。KAOPEN 指数越大代表着一国的资本账户开放程度越大。本章中,同样按照资本账户自由化指数对样本进行分类构建虚拟变量(记为 group2),其中高于每年各国资本账户自由化指数中位数的样本认为是资本账户开放程度较高的国家和地区,记为 group2=1,低于或等于每年各国资本账户自由化指数中位数的样本认为是资本账户开放程度较低的国家和地区,记为 group2=0。

(5)家庭金融素养。经济体家庭金融素养指标来源于标准普尔评级服务全球金融扫盲调查(S&P Global FinLit Survey)提供的信息。该项调查针对 148 个经济体中超过 15 万人(15 岁以上)进行金融知识调查。调查问卷包含四个问题[①],四个问题主要考察受访者对财务决策中四个基本概念的理解:算数(利率)、复利、通货膨胀以及风险分散。如果受访人回答对了四个问题中的三个问题及以上,则认为受访人拥有基本的

---

① 四个问题分别为:1.如果有一笔钱,可以选择投入一种类型的投资,也可以选择投入多种类型的投资,哪一种更安全? 2.假设未来十年内,你购买东西的价格翻番,收入也会翻番,你能够买的物品比现在能够买的少、一样多还是更多? 3.假如你需要借 100 美金,可以选择偿还 105 美金,也可以选择偿还 100 美金加 3% 的利息,哪一种需要付出的成本更低呢? 4.假如将钱存入银行两年,银行同意每年在这笔钱上增加 15% 的收益,那么银行在第二年向你账户增加的金额是多于第一年向你账户增加的金额还是跟第一年相同?

金融知识,将其金融素养指标记为1,否则记为0。最终将该国受访人所获的得分加总后,除以受访的人数,获取的百分比即表示该国居民中拥有基本金融常识的人群占比,用于衡量该经济体家庭部门的金融素养水平的高低。虽然标准普尔评级服务全球金融扫盲调查仅存在2014年一年的调查数据,但是出于家庭金融素养水平具有可持续性的思路,本章认为其可以代表经济体家庭部门一般的金融素养水平。因此,本章按照是否高于样本家庭金融素养中位数将样本国家分为两类,构建group3。当样本金融素养指数高于金融素养中位数,则记为group3=1,代表家庭金融素养水平较高的国家和地区,否则记为group3=0,认为该经济体家庭部门金融素养水平较低。

(6)其他控制变量。其他控制变量包括非金融企业部门债务、政府债务、进出口贸易规模、资本形成、通货膨胀率、人口增长率,数据主要来源于全球债务数据库和世界银行数据库。与前三章不同的是,由于本章考察的是家庭部门去杠杆对经济增长和金融稳定的短期影响,因此并不采用上述控制变量的 $t-1$ 期至 $t-4$ 期的变动值,而是采用上述变量的滞后一期作为控制变量。

6.3.2 模型设定

结合马勇等(2016)的相关研究,本章基本的计量模型设定如模型(6-2)所示:

$$Y_{i,t} = \beta_0 + \beta_1 Y_{i,t-1} + \beta_2 Y_{i,t-2} + \beta_3 DEL_{i,t-1} + \beta_4 FirmDebt_{i,t-1}$$
$$+ \beta_5 GovDebt_{i,t-1} + \beta_6 Trade_{i,t-1} + \beta_7 Capformation_{i,t-1}$$
$$+ \beta_8 Inflation_{i,t-1} + \beta_9 Population_{i,t-1} + u_i + \gamma_t + \varepsilon_{i,t} \qquad (6-2)$$

其中,被解释变量 $Y_{i,t}$ 表示国家 i 在 t 时期的经济增长或者金融稳定。本章选用GDP增长率($GDPG$)来衡量经济增长,选用上文构建的金融稳定综合指标($FSindex$)来衡量金融稳定。$Y_{i,t-1}$ 和 $Y_{i,t-2}$ 分别代表被解释变量的一阶和二阶滞后项,根据相关理论和自相关检验的检测值,本章在模型的解释变量中包含了被解释变量的一期滞后项和二期滞后项。此外,$FirmDebt$ 代表非金融企业部门债务水平,$GovDebt$ 代表政府部门债务水平,$Trade$ 代表进出口贸易规模,$Capformation$ 代表经济体的资本形成,$Inflation$ 代表通货膨胀率,$Population$ 代表人口增长率。上述控制变量和本章核心解释变量家庭部门去杠杆均采用滞后一期。其中 u_i 衡量了第 i 个国家的截面效应,γ_t 控制了时间效应,$\varepsilon_{i,t}$ 为残差项。

在研究家庭部门去杠杆对经济增长和金融稳定影响时,需要考虑家庭部门去杠杆与经济增长和金融稳定之间可能存在反向因果导致的内生性问题。经济增速放缓或者金融稳定性下降带来的负面冲击均可能引起包括家庭部门在内的各经济部门进入去杠杆进程,此时难以识别家庭部门去杠杆与经济增长和金融稳定之间的因果关系。为了消除内生性问题对本章模型(6-2)结论的影响,本章采用 Arellan 和 Bond (1991)的广义矩估计(GMM)方法进行估计,采用内生变量的滞后期作为工具变量。此外,由于本章模型考虑了经济增长和金融稳定具有一定的可持续性,因此控制了其滞后项,采用固定效应模型(FE)对动态面板进行估计时会出现被解释变量的滞后期系数过大的现象,导致结论产生偏差。而广义矩估计方法也可以有效解决动态面板的这一问题。

6.3.3　描述性统计

本章所涉及各变量的全样本描述性统计结果如表 6-2 所示。从表 6-2 来看,家庭部门债务去杠杆的平均值为 0.3192,说明在样本中约有 30% 的时期家庭部门处于去杠杆进程中。为了避免解释变量之间可能存在的多重共线性问题对本章结论的影响,本部分进行了方差膨胀因子检验(VIF),结果表明不存在明显的多重共线性问题。

表 6-2　变量描述性统计

变量	变量含义	观测值	平均值	标准差	最小值	最大值
GDPG	经济增长	2,292	3.5558	3.8653	−45.7284	29.6394
FSindex	金融稳定	636	0.7587	0.0394	0.0000	1.0000
DEL	家庭部门去杠杆	2,384	0.3192	0.4663	0.0000	1.0000
FirmDebt	非金融企业部门债务	2,420	30.0822	28.2068	0.0428	139.4265
GovDebt	政府债务	1,461	52.8545	31.7728	3.6636	236.0687
Trade	进出口贸易规模	2,358	4.2074	0.6859	−1.7873	6.0927
Capformation	资本形成率	2,240	24.3373	7.0459	4.0304	54.4689
Inflation	通货膨胀率	2,386	4.6645	0.0928	4.1508	6.9646
Population	人口增长率	2,415	1.1038	1.1328	−1.3069	6.6520
Group1	汇率制度虚拟变量	2,018	0.6918	0.4619	0.0000	1.0000
Group2	资本账户自由化虚拟变量	2,298	0.4669	0.4990	0.0000	1.0000
Group3	家庭金融素养虚拟变量	2,065	0.4339	0.4957	0.0000	1.0000

6.4　实证结果及分析

6.4.1　家庭部门去杠杆对经济增长的影响及异质性分析

表 6-3 的第(1)列汇报了当被解释变量为经济增长时,家庭部门去

杠杆对经济增长的影响,控制了时间固定效应。[①] 第(1)列的结果表明,核心解释变量家庭部门去杠杆前的系数为负且在 5% 统计性水平上显著,说明家庭部门去杠杆对一国经济增长具有明显的负面影响,会抑制经济增长。表 6-3 的第(2)列至(7)列则是采用分组的方式考察家庭部门去杠杆对经济增长的影响是否在不同汇率制度下、不同资本账户开放程度下以及不同家庭金融素养水平下存在某种差异。表 6-3 的第(2)列和第(3)列是按照汇率制度类别将样本分为两类,结果表明在一国实施的汇率制度更倾向于固定汇率制度时,回归结果中家庭部门去杠杆前的系数显著且为负,而在一国实施的汇率制度更倾向于浮动汇率制度时,家庭部门去杠杆前的系数虽然为负但并不显著。说明一国汇率制度更偏固定汇率制度时,家庭部门去杠杆对经济增长的抑制作用更大。表 6-3 的第(4)列和第(5)列是按照资本账户开放程度较高还是较低进行分组后的回归结果。回归结果表明,在资本账户开放程度较高的经济体中,家庭部门去杠杆对经济增长存在显著的负向影响,而在资本账户开放程度较低的经济体中,家庭部门去杠杆前的系数并不显著。说明当经济体资本账户开放程度更高时,家庭部门去杠杆对经济增长的负面影响更明显。表 6-3 的第(6)列和第(7)列是按照家庭部门金融素养水平的高低将样本分为了两组,此时发现,当经济体家庭的金融素养水平较高时,家庭部门去杠杆前的系数不显著,而当经济体家庭部门金融素养水平较低时,家庭部门去杠杆前的系数显著为负。说明在家庭部门金融素养较低的国家和地区,家庭部门去杠杆对经济增长的抑制影响更明显。

---

① 控制时间固定效应后,两步 GMM 矩条件无法满足,因此采用一步法 GMM 进行估计。

表 6-3　家庭部门去杠杆与经济增长

变量	总样本	汇率制度		资本账户开放程度		家庭金融素养	
		固定	浮动	较高	较低	较高	较低
	(1)	(2)	(3)	(4)	(5)	(6)	(7)
L.GDPG	0.3697 ***	0.2327 ***	0.4666 ***	0.4339 ***	0.1793 ***	0.5085 ***	0.1922 ***
	(6.9773)	(3.1212)	(3.9566)	(6.1201)	(2.6803)	(7.1122)	(2.7922)
L2.GDPG	−0.0877 *	−0.2014 ***	−0.0650	−0.2352 ***	−0.0439	−0.2241 ***	−0.0714
	(−1.8509)	(−4.4141)	(−1.2598)	(−4.8206)	(−0.8255)	(−4.1971)	(−1.1741)
L.DEL	−0.3592 **	−0.6070 **	−0.0610	−0.4069 **	−0.4210	−0.2592	−0.6768 **
	(−2.1760)	(−2.1491)	(−0.2757)	(−2.1073)	(−1.3258)	(−1.1871)	(−2.5355)
L.FirmDebt	−0.0208 **	−0.0662 ***	−0.0241	−0.0586 ***	−0.0749 **	−0.0294 **	−0.0289 *
	(−2.1793)	(−2.8423)	(−1.2390)	(−4.5077)	(−2.3892)	(−2.5185)	(−1.9011)
L.GovDebt	−0.0137 ***	−0.0005	−0.0160 ***	−0.0059	−0.0122	−0.0089	−0.0071
	(−3.7183)	(−0.0354)	(−3.6394)	(−0.6164)	(−0.9329)	(−0.9855)	(−0.8561)
L.Trade	3.2333 ***	6.6065 ***	1.1315	1.8515 **	5.8759 ***	1.3703 *	4.8089 ***
	(3.8711)	(4.6898)	(1.6070)	(2.0341)	(3.6884)	(1.7409)	(3.5550)
L.Capformation	−0.1442 ***	−0.0512	−0.1440 **	−0.0622	−0.0593	−0.0858 *	−0.0488
	(−3.3238)	(−0.8104)	(−2.0813)	(−0.8984)	(−0.9047)	(−1.7048)	(−0.8434)
L.Inflation	−1.5992	0.6231	−4.9139	−4.4867	−6.4671 ***	−2.9346	−5.2346 **
	(−0.6157)	(0.1729)	(−1.4580)	(−1.1026)	(−3.4929)	(−0.8325)	(−2.1897)
L.Population	0.1607	−0.3513	0.3992	0.1402	0.0849	0.1619	−0.6984
	(0.6900)	(−0.5809)	(1.5374)	(0.4150)	(0.1193)	(0.5979)	(−0.9869)
常数项	6.4187	−18.6411	27.9267 *	20.0108	16.8528 **	16.9441	16.9108
	(0.5349)	(−1.0635)	(1.9331)	(1.0930)	(2.0952)	(1.0106)	(1.4803)

续　表

变量	总样本	汇率制度		资本账户开放程度		家庭金融素养	
		固定	浮动	较高	较低	较高	较低
	(1)	(2)	(3)	(4)	(5)	(6)	(7)
固定效应	控制	控制	控制	控制	控制	控制	控制
观测值	1172	556	419	718	423	665	476
$AR(1)$	0.0000	0.0001	0.0005	0.0000	0.0004	0.0001	0.0002
$AR(2)$	0.7947	0.4811	0.6277	0.7286	0.8221	0.1123	0.5454
$AR(3)$	0.9025	0.6233	0.3352	0.7474	0.4138	0.8686	0.9892
$Sargan-P$	0.3511	0.1567	0.1758	0.3278	0.1396	0.2108	0.1129

注:(1)各变量系数下括号中的数字为 z 值;(3)AR(1)、AR(2)和 AR(3)分别代表一阶、二阶和三阶自相关检验,为统计推断的 p 值,Sargan－P 代表对模型工具变量过度识别检验的 p 值;(3)＊,＊＊,＊＊＊分别表示 z 统计量在 10%、5%和 1%水平下显著。

6.4.2　家庭部门去杠杆对金融稳定的影响及异质性分析

表 6-4 的第(1)列汇报了当被解释变量为金融稳定时,家庭部门去杠杆的作用效果。核心解释变量家庭部门去杠杆前的系数显著为负,说明当一国家庭部门进入去杠杆进程时,会加剧其金融不稳定性。表 4 的第(2)列至第(7)列同样采用分组的方式考察家庭部门去杠杆对金融稳定的影响是否在不同汇率制度下、不同资本账户自由度下以及不同家庭部门金融素养水平下存在某种差异。第(2)列至第(7)列的结果表明,在汇率制度弹性较低的样本中、资本账户自由化程度更大的样本中以及家庭部门金融素养水平较低的样本中,回归结果中家庭部门去杠杆前的系数均显著为负,此时,家庭部门去杠杆会加剧一

国的金融不稳定性。而在汇率制度弹性较高的样本中、资本账户开放程度更低的样本中以及家庭部门金融素养水平较高的样本中,回归结果中核心解释变量前的系数并不显著,说明此时家庭部门去杠杆对这些国家的金融稳定并不存在明显的作用效果。

表 6-4　家庭部门去杠杆与金融稳定

变量	总样本	汇率制度		资本账户开放程度		家庭金融素养	
		固定	浮动	较高	较低	较高	较低
	(1)	(2)	(3)	(4)	(5)	(6)	(7)
$L.FSindex$	0.4813 ***	0.0541	0.3667 ***	0.4678 ***	−0.3357 *	0.3787 ***	0.1094
	(3.8703)	(0.3157)	(5.4613)	(3.6787)	(−1.7256)	(3.8011)	(1.2000)
$L2.FSindex$	0.0619	−0.1005	0.2207 *	0.2136 **	0.0409	0.0991	−0.0746
	(0.7148)	(−1.0885)	(1.9583)	(2.3006)	(0.3704)	(0.5570)	(−0.7920)
$L.DEL$	−0.0038 *	−0.0036 *	0.0018	−0.0052 *	−0.0054	−0.0066	−0.0061 **
	(−1.6553)	(−1.7557)	(1.5837)	(−1.6760)	(−1.3065)	(−1.3309)	(−2.2653)
$L.FirmDebt$	0.0001	0.0002	0.0001	0.0002	0.0002	0.0001	−0.0005 **
	(0.6489)	(0.9551)	(0.4377)	(1.3338)	(0.5188)	(0.3504)	(−2.2618)
$L.GovDebt$	0.0005 **	0.0001	0.0002	0.0005 **	0.0004	0.0006 **	0.0004 **
	(2.1300)	(0.8748)	(1.5495)	(2.0019)	(1.0239)	(2.0838)	(2.0649)
$L.Trade$	−0.0066	0.0065	−0.0193 *	−0.0109	0.0290	−0.0008	0.0004
	(−0.5608)	(0.4189)	(−1.8237)	(−0.9311)	(1.2022)	(−0.0278)	(0.0774)
$L.Capformation$	0.0001	−0.0001	−0.0004	0.0006	−0.0002	0.0002	−0.0003
	(0.3988)	(−0.6866)	(−0.9126)	(1.6149)	(−0.4122)	(0.3483)	(−1.1837)
$L.Inflation$	−0.0131	−0.0005	−0.0341 **	−0.0145	0.0478	0.0092	0.0617 **
	(−0.7104)	(−0.0256)	(−2.0402)	(−0.4759)	(1.1542)	(0.1577)	(2.4603)

续 表

变量	总样本	汇率制度		资本账户开放程度		家庭金融素养	
		固定	浮动	较高	较低	较高	较低
	(1)	(2)	(3)	(4)	(5)	(6)	(7)
L. Population	0.0034	0.0002	0.0054	0.0085 **	−0.0200	0.0046	0.0035
	(0.9013)	(0.0445)	(0.9029)	(2.2219)	(−1.5093)	(0.6007)	(1.0501)
常数项	0.4008 ***	0.7596 ***	0.5513 ***	0.3026 *	0.6320 ***	0.3109	0.4428 ***
	(3.7347)	(4.4118)	(4.5336)	(1.8743)	(3.0698)	(1.5111)	(5.6791)
固定效应	控制	控制	控制	控制	控制	控制	控制
观测值	273	169	77	157	114	103	167
AR(1)	0.0046	0.0921	0.0219	0.0228	0.6668	0.0226	0.0166
AR(2)	0.5374	0.7265	0.4704	0.9748	0.7982	0.8715	0.6817
AR(3)	0.4781	0.4198	0.4221	0.3507	0.3761	0.3385	0.2375
Sargan − P	0.9850	0.3809	0.1952	0.9969	0.1199	0.5065	0.1585

注:(1)各变量系数下括号中的数字为 z 值;AR(1)、AR(2)和 AR(3)分别代表一阶、二阶和三阶自相关检验,为统计推断的 p 值,Sargan − P 代表对模型工具变量过度识别检验的 p 值;(3)*, **, *** 分别表示 z 统计量在 10%、5% 和 1% 水平下显著。

6.4.3 实证结果分析

前述表 6-3 和表 6-4 的结果显示,总体上,家庭部门去杠杆会对经济增长和金融稳定产生明显的负面影响,即家庭部门去杠杆在抑制一国经济增长时,也会加剧一国金融不稳定性,验证了本章实证假设 H1。同时,分样本回归的结果表明,当一国实施的汇率制度更倾向于浮动汇率制度时、资本账户开放程度更低时或者家庭部门拥有较高的金融素养水平时,家庭部门去杠杆对经济增长和金融稳定并不存在明显的负面影响。而当一国实施的汇率制度更偏固定汇率制度时、资本账户开放程度较高时或者家庭部门拥有较低的金融素养水平时,家庭部门的去杠杆进程将对经济体的经济增长和金融稳定产生明显的负面影响。这可能是因为,当一国货币政策独立性较高时,一国可以更好利用货币政策应对国内问题,有效对冲家庭部门去杠杆对经济金融可能产生的负面影响,达到平稳去杠杆的效果。同时,当家庭部门金融素养水平较高时,一方面,家庭可以更好选择分散程度更高的资产组合,帮助抵御负面冲击对家庭自身金融稳定的影响;另一方面,家庭在去杠杆过程中,也能更好利用金融工具,缓解当期偿债压力,降低违约行为发生的可能性,从而削弱家庭去杠杆对经济增长、金融稳定的负面影响。上述回归结果证明了本章的实证假设 H2 和 H3。

表 6-3 和表 6-4 的回归结果中 AR(1)小于 0.05,AR(2)和 AR(3)[①]均大于 0.1,表示扰动项的差分虽然存在一阶自相关,但是不存在二阶、三阶自相关,因此采用动态 GMM 估计方式是合适的,结果不受残差序列相关问题的影响。同时,模型均通过 Sargan 检验,表明估计所选用的工具变量是有效的,具有外生性,本章基准模型的实证结果是可信的。

6.5　稳健性检验

本章基准模型根据"三元悖论"理论,分别采用汇率制度类型以及资本账户开放程度来衡量一国货币政策实施受到外部约束的大小。在此部分,本章进一步利用 Aizenman et al.(2010)构建的货币政策独立性

---

① 由于本章加入了滞后一期和滞后两期的被解释变量,因此理论上应关注 AR(3)是否大于 0.1。

指标(记为 MI)来衡量货币政策的实施受到外部约束的大小对表 6-3 和表 6-4 中汇率制度、资本账户开放程度部分的回归结果进行稳健性检验。数据来源于 Aizenman 等学者公开的三元悖论指标数据库,其中货币独立性指标采用母国和基准国[①]的月度货币市场利率的年度相关性的倒数进行衡量,相关思想如下模型(6-3)所示:

$$MI = 1 - \frac{corr(i_i, i_j) - (-1)}{1 - (-1)} \tag{6-3}$$

$corr(i_i, i_j)$ 为 i 国和基准国家月度货币市场利率的年度相关系数。Aizenman et al.(2010)构建 MI 指数时采用的货币市场利率数据来源于 IMF 国际金融统计(IFS)数据库。IFS 数据库提供了 194 个国家和地区的货币市场利率的月度数据,货币市场利率为金融机构之间的短期贷款利率,由于金融机构短期贷款利率的期限因国家而异,因此 IFS 数据库中采用加权平均的方式计算了各国的月平均利率水平,使各国利率数据具有可比性。对于没有货币市场利率的国家或者货币市场利率数据极为有限的国家,Aizenman et al.(2010)采用中央银行贴现率(discount rate)和存款利率作为替代变量构建 MI 指标,贴现率和存款利率的月度数据同样来源于 IFS 数据库。MI 指标构建中基准国是与 i 国货币政策联系最为紧密的国家,选取依据为 Shambaugh(2004)的研究、IMF 的外汇安排与外汇限制年报(Exchange Arrangements and Exchange Restrictions)以及中央情报局概况(Central Intelligence Agency Factbook)。货币政策独立性指标的取值为 0 到 1 之间,由于各国对应的基准国的选择为与一国货币政策联系最紧密的国家,因此该指标越大,表示母国利率受基准国利率变动的影响越小、母国货币政策的独立性越高,反之则相反。

货币政策的独立性指标越强表明一国货币政策更难受到其他国家的影响,能更独立地针对国内所面临的经济形势做出决定,货币政

---

① 数据库中基准国的选择包括澳大利亚、比利时、法国、德国、印度、马来西亚、南非、英国和美国。

策实施空间越大。本章按照货币政策独立性指标对样本进行分类。其中高于每年样本国家货币政策独立性中位数的样本认为是拥有较高货币政策独立性的国家和地区,而低于每年样本国家货币政策独立性中位数的样本认为是货币政策独立性较低的国家和地区。相关的回归结果如表6-5所示。其中第(1)列和第(2)列的被解释变量为经济增长,结果显示,当一国货币政策独立性较高的时候,核心解释变量家庭部门去杠杆前的系数虽为负但并不具备统计学上的意义。而当一国货币政策独立性较低时,家庭部门去杠杆前的系数为负且在10%的统计性水平上显著。说明相较而言,当一国货币政策独立性较低的时候,家庭部门去杠杆对经济增长的负面影响越明显。第(3)列和第(4)列的被解释变量为金融稳定,结果表明,当一国货币政策独立性较高时,家庭部门去杠杆前的系数不显著,而当一国货币政策独立性较低时,家庭部门去杠杆前的系数在5%的统计性水平上显著为负,说明此时家庭部门去杠杆会更显著地加剧经济体的金融不稳定程度。表6-5的结论与上文基准模型的主要结论保持一致,即货币政策实施受约束程度越大时,家庭部门去杠杆对经济增长和金融稳定的负面影响越明显。

表6-5 家庭部门去杠杆与经济增长和金融稳定(稳健性检验1)

变量	经济增长		金融稳定	
	货币政策独立性较高	货币政策独立性较低	货币政策独立性较高	货币政策独立性较低
	(1)	(2)	(3)	(4)
L.GDPG	0.0093	0.2171 ***		
	(0.0865)	(3.5972)		
L2.GDPG	−0.1619 **	−0.2020 ***		
	(−2.5176)	(−4.0673)		

续 表

变量	经济增长		金融稳定	
	货币政策独立性较高	货币政策独立性较低	货币政策独立性较高	货币政策独立性较低
	(1)	(2)	(3)	(4)
L.FSindex			0.1095	0.1993 *
			(0.4575)	(1.7211)
L2. FSindex			−0.0052	0.0053
			(−0.0415)	(0.0339)
L.DEL	−0.3488	−0.4648 *	−0.0039	−0.0045 **
	(−1.1270)	(−1.6523)	(−1.2838)	(−2.1496)
L.FirmDebt	−0.1690 ***	−0.0578 ***	0.0001	0.0006 **
	(−4.4586)	(−3.3649)	(0.2921)	(2.2341)
L.GovDebt	−0.0109	0.0030	0.0007 **	0.0003
	(−0.8882)	(0.2371)	(2.3570)	(1.4577)
L.Trade	6.0952 ***	5.2482 ***	0.0200	−0.0152
	(3.4317)	(3.5578)	(1.0452)	(−1.0125)
L. Capformation	−0.0200	−0.0389	0.0001	0.0002
	(−0.2308)	(−0.4561)	(0.1726)	(0.5036)
L. Inflation	1.4219	−1.8179	0.0032	0.0094
	(0.6359)	(−0.3101)	(0.1180)	(0.2725)
L. Population	0.2194	0.6052	−0.0065	0.0109
	(0.3793)	(1.3460)	(−1.2061)	(1.3556)
常数项	−18.6847	−3.8047	0.5535 ***	0.5826 ***
	(−1.5506)	(−0.1425)	(2.8744)	(8.2329)
固定效应	控制	控制	控制	控制

续　表

变量	经济增长		金融稳定	
	货币政策 独立性较高	货币政策 独立性较低	货币政策 独立性较高	货币政策 独立性较低
	(1)	(2)	(3)	(4)
观测值	539	633	143	130
$AR(1)$	0.0001	0.0009	0.0162	0.0104
$AR(2)$	0.1879	0.2549	0.2391	0.2505
$AR(3)$	0.5982	0.2853	0.6827	0.4427
$Sargan-P$	0.1036	0.0276	0.7543	0.4652

注:(1)各变量系数下括号中的数字为 z 值;AR(1)、AR(2)和 AR(3)分别代表一阶、二阶和三阶自相关检验,为统计推断的 p 值,$Sargan-P$ 代表对模型工具变量过度识别检验的 p 值;(3) * ,** ,*** 分别表示 z 统计量在 10%、5%和 1%水平下显著。

由于家庭部门去杠杆指标为本章核心解释变量,因此本小节重新构建家庭部门去杠杆指标,进行稳健性检验。前述提及 Drehmann et al.(2010)的研究发现,金融周期约为经济周期的三到四倍,因此用经济周期对应平滑参数的 3^4 或 4^4 计算出的平滑参数能更好吻合金融变量的历史经验数据。在基准模型中本章采用了 1600 作为 HP 滤波平滑参数。考虑到 HP 滤波处理的结果受平滑参数影响较大,为了避免平滑参数的选择对本章结论的影响,在本小节,采用 500 作为 HP 滤波的平滑参数重新构建家庭去杠杆指标进行相关的实证回归。表 6-6 列示的是当被解释变量为经济增长时,模型(6-2)的稳健性检验结果。第(1)列显示,核心解释变量家庭部门去杠杆前系数显著为负,与本章的基准回归模型结果保持一致,即家庭部门去杠杆会抑制经济增长。同时,第(2)、(4)以及第(7)列中的结果表明,家庭部门去杠杆前的系数均显著为负,说明当一国的汇率制度更偏向于固定汇率制度、资本账户开放程度越高、家庭部门的金融素养水平相对较低时,家庭部门去杠杆对经济增

长存在更明显的负面影响。同时第(3)、(5)和第(6)列的结果表明当一
国的汇率制度更偏浮动汇率制度、资本账户开放程度较低、家庭部门的
金融素养水平较高时,家庭部门去杠杆对经济增长不存在明显的作用
效果。上述结论与本章上文主要结论保持一致。同时回归结果 AR(2)
和 AR(3)均大于 0.1,通过残差序列相关检验,除了第(1)列和第(7)列
外,其余回归均通过 Sargan 检验,基本满足外生性的条件。

表 6-6　家庭部门去杠杆与经济增长(稳健性检验 2)

变量	总样本	汇率制度		资本账户开放程度		家庭金融素养	
		固定	浮动	较高	较低	较高	较低
	(1)	(2)	(3)	(4)	(5)	(6)	(7)
L.GDPG	0.1832 ***	0.2046 **	0.4409 ***	0.4257 ***	0.1820 ***	0.5066 ***	0.0825
	(2.7713)	(2.5203)	(3.1207)	(5.9905)	(2.7373)	(7.0652)	(1.0439)
L2.GDPG	−0.1840 ***	−0.1513 ***	−0.0012	−0.2339 ***	−0.0380	−0.2198 ***	−0.0882
	(−2.9028)	(−3.0171)	(−0.0260)	(−4.7041)	(−0.7698)	(−4.1931)	(−1.3123)
L.DEL	−0.5885 ***	−0.5307 **	−0.4044	−0.2602 *	−0.2249	0.0098	−0.5186 *
	(−3.2207)	(−1.9936)	(−1.5076)	(−1.6592)	(−0.6780)	(0.0505)	(−1.7463)
L.FirmDebt	−0.0476	0.0046	−0.0491 *	−0.0627 ***	−0.0636 **	−0.0293 **	−0.0174
	(−1.1129)	(0.0812)	(−1.9072)	(−4.1727)	(−2.1621)	(−2.4800)	(−0.5521)
L.GovDebt	0.0242 *	0.0450 **	0.0032	−0.0058	−0.0116	−0.0087	0.0055
	(1.6683)	(2.0100)	(0.2294)	(−0.5877)	(−0.8886)	(−0.9728)	(0.4341)
L.Trade	8.8244 ***	9.9631 ***	−0.8387	1.3577	5.7734 ***	1.2274 *	7.4101 ***
	(5.7933)	(6.4830)	(−0.4172)	(1.3362)	(3.7564)	(1.6558)	(5.6219)
L.Capformation	−0.1566 **	−0.1434 *	−0.3935 ***	−0.0720	−0.0559	−0.0755	−0.0971
	(−2.0046)	(−1.8262)	(−3.2561)	(−1.0003)	(−0.8516)	(−1.4366)	(−1.2789)

续　表

变量	总样本	汇率制度		资本账户开放程度		家庭金融素养	
		固定	浮动	较高	较低	较高	较低
	(1)	(2)	(3)	(4)	(5)	(6)	(7)
L. Inflation	0.6468	0.0233	−5.4197	−4.8331	−6.6465 ***	−3.8139	−3.8551
	(0.2784)	(0.0048)	(−1.3953)	(−1.0637)	(−3.4392)	(−1.0755)	(−1.3517)
L. Population	−0.1497	−0.7964 **	0.5235	0.1996	0.0218	0.1964	−0.0438
	(−0.4018)	(−2.0230)	(0.9166)	(0.5923)	(0.0296)	(0.7385)	(−0.0736)
常数项	−24.3861 **	−27.2248	40.0260 **	23.8624	19.8168 **	21.2167	2.9331
	(−2.0775)	(−1.0958)	(2.0902)	(1.1679)	(2.4220)	(1.2726)	(0.2275)
固定效应	控制	控制	控制	控制	控制	控制	控制
观测值	1171	556	418	718	422	665	476
AR(1)	0.0000	0.0007	0.0020	0.0000	0.0005	0.0001	0.0002
AR(2)	0.4732	0.4851	0.0549	0.6276	0.7370	0.0987	0.6167
AR(3)	0.4832	0.4478	0.2568	0.7493	0.3706	0.8365	0.8407
Sargan−P	0.0000	0.4055	0.1389	0.2663	0.1451	0.2096	0.0607

注：(1)各变量系数下括号中的数字为 z 值；AR(1)、AR(2)和 AR(3)分别代表一阶、二阶和三阶自相关检验，为统计推断的 p 值，$Sargan-P$ 代表对模型工具变量过度识别检验的 p 值；(3) * , ** , *** 分别表示 z 统计量在 10%、5%和 1%水平下显著。

表 6-7 列示的是当被解释变量为金融稳定时，模型(6-2)的稳健性检验结果。表 6-7 第(1)列显示，核心解释变量家庭部门去杠杆前系数显著为负，与本章的基准回归模型结果保持一致，即家庭部门去杠杆会加剧经济体金融不稳定程度，本章基准模型的结论具有稳健性。表 6-7 第(2)、(4)以及第(7)列中的结果表明，家庭部门去杠杆前的系数均显著为负，说明当一国的汇率制度更偏向于固定汇率制度、资本账户开放程度越高、家庭部门的金融素养水平相对较低时，家庭部门去杠杆对金融

稳定存在显著的负面影响。此外,第(3)、(5)和第(6)列的结果表明当一国的汇率制度更偏浮动汇率制度、资本账户开放程度较低、家庭部门的金融素养水平较高时,家庭部门去杠杆前的系数不显著,说明此时家庭部门去杠杆对金融稳定不存在明显的作用效果,与上文的主要结论一致。同时上述回归模型均通过残差序列相关检验和 Sargan 检验,说明本章的实证结果具有稳健性。

表 6-7　家庭部门去杠杆与金融稳定(稳健性检验 3)

变量	总样本	汇率制度		资本账户自由化程度		家庭金融素养	
		固定	浮动	较高	较低	较高	较低
	(1)	(2)	(3)	(4)	(5)	(6)	(7)
$L.FSindex$	0.3971 ***	0.1559	0.3731 ***	0.3758 ***	−0.3659 *	0.3864 ***	0.1546 *
	(3.0400)	(1.1134)	(5.3217)	(2.8195)	(−1.6885)	(4.0078)	(1.7472)
$L2.FSindex$	0.0378	−0.0650	0.2049	0.1112	0.0143	0.0968	−0.0958
	(0.3232)	(−0.8195)	(1.6208)	(0.9223)	(0.1276)	(0.5514)	(−0.7787)
$L.DEL$	−0.0039 *	−0.0033 *	0.0025	−0.0050 *	−0.0033	0.0001	−0.0004 **
	(−1.6589)	(−1.8213)	(1.3232)	(−1.6993)	(−1.1418)	(0.3951)	(−2.0631)
$L.FirmDebt$	0.0001	0.0002	0.0001	0.0002	0.0004	0.0006 **	0.0004 **
	(0.3608)	(0.7833)	(0.4347)	(1.4707)	(0.9808)	(2.1532)	(2.0387)
$L.GovDebt$	0.0005 **	0.0001	0.0002	0.0004 **	0.0004	−0.0059	−0.0047 **
	(2.2926)	(1.2186)	(1.3061)	(2.2283)	(1.0144)	(−1.1361)	(−2.0301)
$L.Trade$	−0.0110	0.0019	−0.0213 *	−0.0117	0.0201	−0.0046	−0.0026
	(−0.8911)	(0.1229)	(−1.8135)	(−1.4166)	(0.8616)	(−0.1665)	(−0.4574)
$L.Capformation$	0.0001	−0.0000	−0.0003	0.0003	−0.0001	0.0002	−0.0003
	(0.2381)	(−0.2358)	(−0.5975)	(0.9795)	(−0.2247)	(0.3340)	(−1.1960)

续 表

变量	总样本	汇率制度		资本账户自由化程度		家庭金融素养	
		固定	浮动	较高	较低	较高	较低
	(1)	(2)	(3)	(4)	(5)	(6)	(7)
L. Inflation	0.0003	−0.0065	−0.0325 **	−0.0073	0.0502	0.0080	0.0639 **
	(0.0225)	(−0.3856)	(−1.9952)	(−0.2543)	(1.0823)	(0.1392)	(2.2603)
L. Population	0.0031	−0.0009	0.0043	0.0078 **	−0.0203	0.0049	0.0043
	(0.7659)	(−0.2091)	(0.6472)	(2.2532)	(−1.4116)	(0.6371)	(1.3127)
常数项	0.4469 ***	0.7026 ***	0.5570 ***	0.4280 ***	0.6965 ***	0.3290	0.4267 ***
	(3.7902)	(5.7307)	(4.1254)	(3.8135)	(3.0073)	(1.5940)	(5.2608)
固定效应	控制	控制	控制	控制	控制	控制	控制
观测值	273	169	77	157	114	103	167
AR(1)	0.0029	0.0316	0.0136	0.0246	0.8899	0.0237	0.0190
AR(2)	0.6813	0.8131	0.7353	0.6584	0.9008	0.9393	0.5518
AR(3)	0.4781	0.3507	0.3843	0.3868	0.4617	0.3572	0.2156
Sargan−P	0.9703	0.4746	0.2769	0.9754	0.9345	0.4789	0.1317

注:(1)各变量系数下括号中的数字为 z 值;AR(1)、AR(2)和 AR(3)分别代表一阶、二阶和三阶自相关检验,为统计推断的 p 值,Sargan−P 代表对模型工具变量过度识别检验的 p 值;(3) * , ** , *** 分别表示 z 统计量在 10%、5% 和 1% 水平下显著。

6.6 本章小结

本章参考金融去杠杆指标的构建方法,利用 HP 滤波法保留家庭部门债务/GDP 的周期项,根据家庭信贷产出缺口与按照各国分别计算的家庭信贷产出缺口标准差识别出各国家庭部门去杠杆区间,实证检验了家庭部门去杠杆对经济增长和金融稳定的影响。在此基础上,进一步探究了当经济体实施不同的汇率制度、存在不同的资本账户开放程度,以及家庭部门拥有不同的金融素养水平时,家庭部门去杠杆对经济增长和金融稳定的影响是否存在差异。

　　本章的实证结果表明:第一,总体上,家庭部门去杠杆对经济增长和金融稳定有显著的负面影响,即家庭部门去杠杆在抑制经济增长的同时会导致金融不稳定程度加剧。第二,当一国实施的汇率制度更倾向于固定汇率制度时,家庭部门去杠杆对经济增长和金融稳定的负面影响更明显。当一国资本账户开放程度更高时,家庭部门去杠杆会更显著地抑制经济增长,同时加剧金融不稳定程度。当一国货币政策独立性较高时,家庭部门去杠杆不会对经济增长和金融稳定产生明显的作用效果。这主要是因为固定汇率制度和开放程度更高的资本账户制度限制了一国货币政策的实施空间,从而一国货币政策受其他国家政策、经济的影响较大,货币政策需要同时兼顾内外多重目标,降低了一国利用货币政策抵消家庭部门去杠杆带来的负面冲击的能力。而货币政策独立性越高表明该国货币政策的实施受其他国家政策、经济的影响更小,能够更专注于解决自身经济问题和风险点,因此拥有更强对冲家庭部门去杠杆带来的负面冲击的能力。第三,家庭部门金融素养水平的提升有助于抑制家庭部门去杠杆对经济增长和金融稳定的负面影响。这主要是因为,当家庭部门金融素养水平较高时,家庭做出合理金融决策的能力更强,一方面,在事前能更合理进行资产配置、分散风险,保持良好的资产负债表状况,更好应对可能到来的负面冲击;另一方面,在负面冲击发生后,陷入不得不去杠杆的过程中,金融素养较好的家庭也能更好理解金融政策,选择合适的政策性金融工具降低自身风险水平,配合刺激性货币政策的实施。反之,如果家庭部门金融素养较低,则可能在去杠杆时期难以理解货币政策的实施意图,过于保守,预防动机过强,或者做出了不利于自身的财务决策,反而可能加剧家庭部门去杠杆对经济增长、金融稳定的负面影响。

　　本章的结论表明,家庭部门去杠杆会导致经济增速下降,同时加剧金融不稳定性。此外,在不同的制度因素和不同的家庭部门特征下,家庭部门去杠杆对经济增长和金融稳定的影响存在异质性。因此,监管部门和宏观经济决策部门,在家庭部门高杠杆形成后面临的不得不去杠杆的情形下,应尽可能采用可控的方式和节奏来稳步推进去杠杆进程,采取一系列手段降低去杠杆可能导致的负面影响。本章的结论表明,政府和监管部门可以采用适当提高本国汇率制度弹性、循序渐进推动资本账户开放、有选择地利用资本账户管制等手段,加强货币政策独立性,以此缓解家庭部门去杠杆对经济金融的负面影响。同时,由于家庭部门金融素养水平的提升能够有效抑制家庭部门去杠杆对经济增长和金融稳定的负面影响,因此,各国可以通过加强开展金融教育,培养家庭理解、使用金融信息的能力等方式缓解家庭部门去杠杆对经济、金融的负面冲击。

第7章 结论、政策启示与研究展望

7.1 主要研究结论

    本书基于国际历史经验中各经济体家庭部门债务扩张后的经济、金融表现以及家庭部门去杠杆对经济增长和金融稳定的影响存在差异这一客观事实，从影响家庭部门债务变动的因素以及经济体特征两个方面，采用跨国实证分析深入研究了家庭部门债务变动对经济增长和金融稳定影响可能存在的异质性。

    首先，本书在梳理现有家庭部门债务变动宏观经济、金融效应研究的基础上，以全球 135 个国家和地区 1960 年至 2016 年的非平衡面板数据为样本，实证检验了家庭部门债务快速扩张对经济增长和金融稳定的影响。在此基础上，进一步考察了处于不同经济发展阶段的经济体家庭部门债务扩张对经济增长和金融稳定的影响是否存在差异。其次，基于国际经验中不同因素驱动的家庭部门债务扩张后经济、金融表现存在明显差异这一事实，本书从家庭部门债务变动驱动因素的角度考察了家庭部门债务扩张对经济增长和金融稳定影响的异质性。最后，基于现阶段主要经济体家庭部门债务高企，一些经济体家庭部门债务水平甚至接近金融危机发生前的历史峰值，家庭部门去杠杆不可避免的背景，本书通过构建家庭部门去杠杆指标实证分析家庭部门去杠杆对经济增长和金融稳定的影响。并基于国际经验中,不同宏观制度因素和家庭部门特征下,家庭部门去杠杆经济金融效应存在差异的客观事实,探究了宏观制度因素和家庭金融素养对家庭部门去杠杆与经济增长和金融稳定关联的影响。本书的主要结论为:

第一,家庭部门债务扩张会对未来经济增长、金融稳定产生明显的负面影响,导致未来经济增速放缓,同时也会加剧金融不稳定程度,增加一国发生金融危机的可能性。与发展中国家相比,家庭部门债务扩张对经济发展水平更高的发达国家的金融稳定存在更大的负面影响。

第二,从影响家庭部门债务变动的资金供给驱动因素来看,不同的资金供给因素驱动的家庭部门债务扩张对经济增长和金融稳定的影响存在明显差异。伴随着国外资本流入增加发生的家庭部门债务扩张,会对未来经济增长产生更明显的负面影响,且上述效应主要由证券投资和其他投资等短期资本流入的增加导致,而直接投资资本流入的增加则不会产生上述效应。此外,经济体金融发展水平提升和货币政策宽松程度的增加会放大家庭部门债务扩张对经济增长和金融稳定的负面影响。同时,相较于直接融资为主的金融市场的发展,以间接融资为主的金融中介的发展对家庭部门债务扩张经济金融效应的放大作用更明显。由于高收入人群和低收入人群消费行为、投资决策存在明显差异,可能形成对冲效应,经济体收入不平等程度的增加反而有助于抑制家庭部门债务扩张对金融稳定的负面影响。

第三,从家庭部门债务变动的资金需求驱动因素来看,不同的资金需求因素驱动的家庭部门债务扩张的经济增长和金融稳定效应也存在差异。家庭短期收入水平的变动不会影响家庭部门债务扩张对经济增长和金融稳定的作用效果,但影响家庭长期收入水平的全要素生产率、科技水平的提高有助于抑制家庭部门债务扩张对未来经济增长的负面影响。同时,基于对金融资产、房地产投资投机动机增加的家庭部门债务扩张对金融稳定的负面影响更大,而家庭消费动机的增加则不会影响家庭部门债务扩张对金融稳定的作用效果。此外,由于家庭对未来宏观经济增长预期的不确定性增加可能会加强家庭预防性动机,降低过度负债的可能性,因此家庭对未来宏观经济增长预期的不确定性增加反而有助于抑制家庭部门债务扩张对未来经济增长和金融稳定的负面影响。

第四,家庭部门去杠杆会对经济增长和金融稳定产生明显的负面影响,即在抑制经济增长的同时,加剧金融不稳定程度。当一国实施的汇率制度更倾向于固定汇率制度时,家庭部门去杠杆对经济增长和金融稳定的负面影响更明显。同时,当经济体资本账户开放程度较高时,家庭部门内部去杠杆对经济增长的抑制作用和对金融稳定的负面影响更大。此外,相较于家庭部门金融素养水平较高的国家和地区而言,家庭部门金融素养水平较低的国家和地区家庭部门去杠杆对经济增长和金融稳定的负面影响更明显。

7.2　政策启示

本书基于跨国数据,实证分析了家庭部门债务扩张以及家庭部门去杠杆对经济增长、金融稳定的影响以及影响的异质性,为各国客观理解家庭部门债务变动宏观经济金融效应提供了来自于跨国分析的经验证据。特别是现阶段,对于包括中国在内的发展中国家而言,随着经济体不断发展、家庭参与金融市场程度不断加深,家庭部门债务水平增长不可避免,而随后采用各种措施控杠杆、去杠杆的过程也是必经的过程,本书的研究结论具有一定的政策启示性。

7.2.1　客观认识家庭部门债务变动对经济增长和金融稳定的影响

本书的研究表明,整体上,家庭部门债务扩张对未来经济增长和金融稳定存在明显的负面影响,家庭部门债务扩张会抑制未来经济增长,同时加大经济体未来发生金融危机的可能性。此外,家庭部门去杠杆行为也会对经济增长和金融稳定在短期内产生负面影响。因此,作为宏观经济决策部门,在判断家庭部门债务增长和去杠杆对宏观经济和金融稳定的可能影响时,应认识到前期家庭部门债务快速扩张行为以及后期家庭部门去杠杆均会对宏观经济金融产生消极影响。在事前应尽可能稳定家庭部门杠杆水平,采取有效手段控制家庭部门债务过快上涨。而在家庭部门开始去杠杆时,要充分考虑到这一过程对一国经济增长、金融稳定短期内的负面冲击,尽量采取可控的方式和节奏来稳步推进家庭去杠杆过程。此外,应充分考虑家庭部门债务扩张宏观经济金融效应的异质性,针对引起家庭部门债务扩张的不同因素以及各国经济体的特征和发展水平,判断家庭债务变动的合理性以及对经济发展、金融体系可能产生的影响,采取不同的措施治理家庭部门债务问题,避免"一刀切"的政策误区。

7.2.2　针对不同债务扩张驱动因素和经济体特征选择应对措施

(1)合理选择汇率制度、资本账户开放程度,增强货币政策独立性。在全球经济金融一体化不断加快的过程中,各国货币政策受其他国家经济、政策冲击的影响增加,货币政策需要同时兼具内外多重目标,降低了一国利用货币政策应对国内问题的能力。在此过程中,政府和监管部门可以采用适当提高本国汇率制度弹性、循序渐进推动资本账户开放、有选择地利用资本账户管制等手段,加强货币政策独立性,以此缓解家庭部门债务变动对经济增长和金融稳定的负面影响。

(2)适当实施干预政策,抑制资产价格泡沫的产生。随着经济体金融发展水平的提高、家庭对金融资产、房地产等投资动机的增加,一方面,风险更高、收入更低的家庭获得了较多的信贷资金,导致家庭部门未来违约风险的增加；另一方面，家庭部门的资金更多流向了金融、房地产等部门，容易导致资本市场价格、房地产价格上升，可能使虚拟经济过度膨胀，从而放大了家庭部门债务扩张对未来经济增长、金融稳定的负面影响。因此，政府和金融监管部门在大力发展金融市场的过程中，可以适当采取干预政策，促进银行等金融机构加大对家庭部门借款人的筛选力度，同时防止家庭资金过度流向虚拟经济部门，缓解家庭部门债务扩张对未来经济金融的影响。特别是在金融市场和包括商业银行在内的金融机构行为具有顺周期特征的背景下，监管部门可以适当采取反周期的干预政策，减轻金融市场顺周期下家庭部门债务快速扩张或快速去杠杆对未来经济发展、金融体系可能产生的负面影响。

（3）促进技术创新发展，提高经济生产率水平。本书的研究表明，影响家庭可持续性的收入水平增加的技术创新水平、全要素生产率水平的提高有助于抑制家庭部门债务扩张对未来经济增长的负面影响。因此，政府和监管部门可以通过促进一国的技术创新发展、提高生产率水平的方式增加家庭部门可持续性的收入，以此缓解家庭部门债务扩张对未来宏观经济金融的影响。家庭部门可持续性收入水平的增加，一方面有助于家庭部门合理债务水平的上升，降低家庭部门过度负债的可能性；另一方面也增强了家庭部门的偿债能力，使家庭更有能力应对负面冲击的影响，维持家庭自身金融稳定，减少违约行为发生的可能性。

（4）合理利用经济政策不确定性引导家庭预期，避免家庭过度乐观。在家庭部门债务扩张时期，政府和监管部门可以采用适当降低经济政策实施可预期性的方式，增强家庭部门的预防性动机，防止家庭过度乐观，以此缓解家庭部门债务扩张对未来经济增长和金融稳定的负面影响。虽然现有研究认为经济政策不确定性是一种摩擦，会扭曲经济的资源配置，但本书的研究发现，在某些特定的经济环境下，经济政策不确定性也有利于平稳金融波动、促进经济发展。因此，监管部门和宏观经济决策部门，可以根据不同的经济发展阶段、不同的经济问题，权衡经济政策不确定性对经济的作用效果。合理利用经济政策不确定性在不同时期对家庭部门等经济部门预期的影响差异,达到不同的调控目的。

(5)促进家庭部门金融素养水平提升,增强家庭金融决策能力。政府可以通过培养家庭金融素养、提高家庭金融决策能力的方式缓解家庭部门去杠杆对经济增长和金融稳定的影响。提高家庭金融素养水平,帮助家庭更合理地做出金融财务决策,一方面有助于家庭选择分散程度更高的资产组合,帮助抵御负面冲击对家庭自身金融稳定的影响;另一方面,家庭在去杠杆过程中,也能更好利用金融工具,缓解当期偿债压力,降低违约行为发生的可能性。

7.3 研究展望

现有研究对于家庭部门债务变动对经济增长和金融稳定的影响可能存在的异质性缺乏足够的关注,本书也只是选取了特定的角度进行了尝试性的探究,仍存在进一步完善的空间。本领域未来的研究可以关注以下三个方面的问题。

第一,本书分别从影响家庭债务变动的资金供给方驱动因素和资金需求方驱动因素的变动探究了家庭部门债务变动对经济增长和金融稳定影响的异质性。但事实上,影响家庭部门债务变动的资金供给方驱动因素和资金需求方驱动因素之间会相互影响,也可能同时影响家庭部门债务水平。因此,进一步的研究可以考虑在单个模型中加入影响家庭部门债务变动的供给方、需求方多个因素,同时考虑这些因素之间的相互影响,以及这些因素同时作用于家庭部门债务水平时对家庭部门债务变动宏观经济金融效应的影响。

第二,在理论分析方面,本书主要采用理论分析与研究假设的方式对研究的理论机理进行说明,缺乏从数理模型的角度对家庭部门债务变动宏观经济金融效应异质性进行理论推导。同时,家庭部门债务扩张和去杠杆对经济增长和金融稳定的影响是一个动态变化的过程,而采用本书实证分析的方式较难刻画这种动态发展。因此,未来的研究可以利用 DSGE 模型来刻画和模拟家庭部门债务变动对经济增长、金融稳定的动态影响。

第三,本书的研究建立在跨国比较分析的基础之上,受各国家庭微观数据可得性的限制,所采用的数据也是基于国家层面的宏观数据,但是,直接使用宏观数据对家庭债务变动的宏观经济金融效应进行检验有可能存在着宏观数据"可加性"问题,也无法控制家庭的人口统计与经济特征,难以考察家庭杠杆影响经济增长和金融稳定的微观机制。因此,在未来的研究中,随着各国家庭微观数据可得性的增加,还需要利用跨国层面的家庭部门微观数据考察不同经济体特征下,家庭债务变动对消费、投资等决定经济增长和金融稳定的中间变量影响的异质性。

参 考 文 献

[1] 陈斌开,李涛.中国城镇居民家庭资产—负债现状与成因研究[J].经济研究,2011,46(S1):55—66+79.

[2] 陈乐一,张喜艳.经济不确定性与经济波动研究进展[J].经济学动态,2018(08):134—146.

[3] 陈雨露,马勇,徐律.老龄化、金融杠杆与系统性风险[J].国际金融研究,2014(09):3—14.

[4] 范小云,陈雷,祝哲.三元悖论还是二元悖论——基于货币政策独立性的最优汇率制度选择[J].经济学动态,2015(01):55—65.

[5] 顾夏铭,陈勇民,潘士远.经济政策不确定性与创新——基于我国上市公司的实证分析[J].经济研究,2018,53(02):109—123.

[6] 郭新华,刘辉,伍再华.收入不平等与家庭借贷行为——家庭为追求社会地位而借贷的动机真的存在吗[J].经济理论与经济管理,2016(05):84—99.

[7] 何德旭,姜峰.中国金融稳定指数的构建及测度分析[J].中国社会科学院研究生院学报,2011(04):16—25.

[8] 何国华,童晶.国家治理体系完善有助于促进金融稳定吗?——基于全球214个国家的数据检验[J].经济管理,2018,40(12):5—20.

[9] 何丽芬,吴卫星,徐芊.中国家庭负债状况、结构及其影响因素分析[J].华中师范大学学报(人文社会科学版),2012,51(01):59—68.

[10] 何南.基于VECM的中国家庭债务与消费波动:1997—2011年[J].经济学动态,2013(07):65—69.

[11] 姜正和,张典.住房负债与中国城镇家庭异质性消费——基于住房财富效应的视角[J].消费经济,2015,31(03):21—26.

[12] 李凤羽,杨墨竹.经济政策不确定性会抑制企业投资吗?——基于中国经济政策不确定指数的实证研究[J].金融研究,2015(04):115—129.

[13] 刘哲希,王兆瑞,陈小亮.人口老龄化对居民部门债务的非线性影响研究[J].经济学动态,2020(04):64—78.

[14] 刘喜和,周扬,穆圆媛.企业去杠杆与家庭加杠杆的资产负债再平衡路径研究——基于股票市场的视角[J].南开经济研究,2017(03):111—126.

[15] 马勇,田拓,阮卓阳,朱军军.金融杠杆、经济增长与金融稳定[J].金融研究,2016(06):37—51.

[16] 孟庆斌,师倩.宏观经济政策不确定性对企业研发的影响:理论与经验研究[J].世界经济,2017,40(09):75—98.

[17] 潘敏,荆阳.我国家庭部门杠杆率变化趋势及影响[N].光明日报,2018—11—20(11).

[18] 潘敏,刘知琪.居民家庭"加杠杆"能促进消费吗?——来自中国家庭微观调查的经验证据[J].金融研究,2018(04):71—87.

[19] 潘敏,袁歌骋.金融去杠杆对经济增长和经济波动的影响[J].财贸经济,2018,39(06):58—72+87.

[20] 彭俞超,倪骁然,沈吉.企业"脱实向虚"与金融市场稳定——基于股价崩盘风险的视角[J].经济研究,2018,53(10):50—66.

[21] 阮健弘,刘西,叶欢.我国居民杠杆率现状及影响因素研究[J].金融研究,2020(08):18—33.

[22] 宋玉华,叶绮娜.美国家庭债务与消费同步运动的周期性研究[J].国际贸易问题,2012(05):3—15.

[23] 谭小芬,张凯,耿亚莹.全球经济政策不确定性对新兴经济体资本流动的影响[J].财贸经济,2018,39(03):35—49.

[24] 唐珺,朱启贵.家庭金融理论研究范式述评[J].经济学动态,2008(05):115—119.

[25] 唐未兵,傅元海,王展祥.技术创新、技术引进与经济增长方式转变[J].经济研究,2014,49(07):31—43.

[26] 田新民,夏诗园.中国家庭债务、消费与经济增长的实证研究[J].宏观经济研究,2016(01):121—129.

[27] 王朝阳,张雪兰,包慧娜.经济政策不确定性与企业资本结构动态调整及稳杠杆[J].中国工业经济,2018(12):134—151.

[28] 王君斌,刘河北.家庭债务、信贷约束与实体经济[J].财贸经济,2020,41(11):97—111.

[29] 吴卫星,吴锟,王琎.金融素养与家庭负债——基于中国居民家庭微观调查数据的分析[J].经济研究,2018,53(01):97—109.

[30] 吴卫星,吴锟,张旭阳.金融素养与家庭资产组合有效性[J].国际金融研究,2018(05):66—75.

[31] 吴卫星,徐芊,白晓辉.中国居民家庭负债决策的群体差异比较研究[J].财经研究,2013,39(03):19—29+86.

[32] 伍戈,陆简.全球避险情绪与资本流动——"二元悖论"成因探析[J].金融研究,2016(11):1—14.

[33] 武康平,程婉静,冯烽.探究我国人口年龄结构特征对经济增长波动的影响[J].经济学报,2016,3(04):186—202.

[34] 谢绵陛.家庭资产负债的决定因素:基于多变量 Tobit 方程系统方法[J].中央财经大学学报,2018(10):71—81.

[35] 杨攻研,刘洪钟.不同类型债务对经济增长及波动的影响[J].经济学家,2014(04):31—39.

[36] 杨攻研,刘洪钟.债务、增长与危机:基于债务异质性的考证[J].经济评论,2015(06):40—54.

[37] 尹志超,吴雨,甘犁.金融可得性、金融市场参与和家庭资产选择[J].经济研究,2015,50(03):87—99.

［38］袁歌骋,潘敏.家庭部门杠杆变动对经济增长的影响分析［J］.财贸经济,2021,42(02):86—102.

［39］曾志耕,何青,吴雨,尹志超.金融知识与家庭投资组合多样性［J］.经济学家,2015(06):86—94.

［40］张晓晶,常欣,刘磊.结构性去杠杆:进程、逻辑与前景——中国去杠杆 2017 年度报告［J］.经济学动态,2018(05):16—29.

［41］周利,柴时军,周李鑫泉.互联网普及如何影响中国家庭债务杠杆率?［J］.南方经济,2021(03):1—18.

［42］周利,王聪.人口结构与家庭债务:中国家庭追踪调查(CFPS)的微观证据［J］.经济与管理,2017,31(03):31—37.

［43］周炎,陈昆亭.金融经济周期理论研究动态［J］.经济学动态,2014(07):128—138.

［44］朱涛,林璐,张礼乐.基于国际比较的中国居民金融素养特征研究［J］.国际商务研究,2017,38(01):85—96.

［45］祝伟,夏瑜擎.中国居民家庭消费性负债行为研究［J］.财经研究,2018,44(10):67—81.

［46］Agarwal S,Chomsisengphet S,Mahoney N,et al.Do banks pass through credit expansions to consumers who want to borrow?. The Quarterly Journal of Economics,2018,133(1):129—190.

［47］Aizenman J,Chinn M D,Ito H.The emerging global financial architecture:Tracing and evaluating new patterns of the trilemma configuration.Journal of international Money and Finance,2010,29(4):615—641.

［48］Anderloni L,Vandone D.Risk of over—indebtedness and behavioural factors. Departmental Working Papers, 2010, 184(184):111.

［49］Arellano M,Bond S.Some tests of specification for panel data:Monte carlo evidence and an application to employment equations.The review of economic studies,1991,58(2):277—297.

[50] Bacchetta P, Gerlach S. Consumption and credit constraints: International evidence.Journal of Monetary Economics,1997,40 (2):207—238.

[51] Bahadir B,Gumus I.Credit decomposition and business cycles in emerging market economies.Journal of International Economics, 2016(103):250—262.

[52] Baker S R, Bloom N, Davis S J. Measuring economic policy uncertainty.The quarterly journal of economics, 2016, 131 (4): 1593—1636.

[53] Barajas A,Dell'Ariccia G,Levchenko A.Credit booms:The good, the bad,and the ugly.IMF Working Paper,2007.

[54] Barba A, Pivetti M. Rising household debt: Its causes and macroeconomic implications——a long—period analysis. Cambridge Journal of Economics,2008,33(1):113—137.

[55] Barnes S,Young G.The rise in US household debt:Assessing its causes and sustainability.Bank of England Working Papers,2003.

[56] Barrell R,Karim D,Macchiarelli C.Towards an understanding of credit cycles:Do all credit booms cause crises?. The European Journal of Finance,2018:1—16.

[57] Bernanke B, Gertler M. Agency costs, net worth and business fluctuations. The American Economic Review, 1989, 79 (1): 14—31.

[58] Bernanke B,Gertler M,Gilchrist S.The financial accelerator in a quantitative business cycle framework.Handbook of macroeconomics, 1999(1):1341—1393.

[59] Bernanke B.The global saving glut and the US current account deficit. Board of Governors of the Federal Reserve System

（US），2005.

［60］ Bezemer D，Zhang L.From boom to bust in the credit cycle：The role of mortgage credit. University of Groningen，Faculty of Economics and Business，2014.

［61］ Bhattacharya S，Tsomocos D P，Goodhart C，Vardoulakis A. Minsky's financial instability hypothesis and the leverage cycle. LSE Financial Markets Group Paper Series Paper，2011：202.

［62］ Bianchi J，Mendoza E G. Overborrowing，financial crises and macro—prudential taxes.NBER Working Paper，2010.

［63］ Bordalo P，Gennaioli N，Shleifer A.Diagnostic expectations and credit cycles.The Journal of Finance，2018，73（1）：199—227.

［64］ Borio C，Kharroubi E，Upper C，et al. Labour reallocation and productivity dynamics：Financial causes，real consequences. BIS Working Papers，2016，19（1）：1—15.

［65］ Borio C.The financial cycle and macroeconomics：What have we learnt?.Journal of Banking and Finance，2014（45）：182—198.

［66］ Bouis R，Christensen A K，Cournede B.Deleveraging：Challenges，progress and policies. OECD Economics Department Working Papers，2013.

［67］ Brixiova Z，Vartia L，Wörgötter A.Capital inflows，household debt and the boom bust cycle in Estonia. SSRN Electronic Journal，2009.

［68］ Büyükkarabacak B，Valev N T.The role of household and business credit in banking crises.Journal of Banking and Finance，2010，34（6）：1247—1256.

［69］ Campbell J Y.Household finance.The journal of finance，2006，61（4）：1553—1604.

［70］ Carroll C D. Macroeconomic expectations of households and professional forecasters. the Quarterly Journal of economics, 2003,118(1):269—298.

[71] Charles K K, Hurst E, Notowidigdo M J. Housing booms and busts,labor market opportunities,and college attendance.NBER Working Papers,2015.

[72] Chinn M D, Ito H. What matters for financial development? Capital controls, institutions, and interactions. Journal of development economics,2006,81(1):163—192.

[73] Chinn M D,Ito H.A new measure of financial openness.Journal of comparative policy analysis,2008,10(3):309—322.

[74] Christen M,Morgan R M.Keeping up with the Joneses:Analyzing the effect of income inequality on consumer borrowing. Quantitative Marketing and Economics,2005,3(2):145—173.

[75] Christiano L,Motto R,Rostagno M.Financial factors in business cycles.European Central Bank Working Paper,2007.

[76] Claessens S, Kose M A, Terrones M E. How do business and financial cycles interact?. Journal of International economics, 2012,87(1):178—190.

[77] Cooper D.US household deleveraging:What do the aggregate and household—level data tell us?.Federal Reserve Bank of Boston Public Policy Brief,2012.

[78] Cox D, Jappelli T. The effect of borrowing constraints on consumer liabilities.Journal of Money,Credit and Banking,1993, 25(2):197—213.

[79] Crook J.The demand for household debt in the USA:Evidence from the 1995 Survey of Consumer Finance. Applied Financial Economics,2001,11(1):83—91.

[80] Cynamon B Z,Fazzari S M.Household debt in the consumer age:

Source of growth—risk of collapse.Capitalism and Society,2008,3 (2).

[81] Debelle G.Macroeconomic implications of rising household debt. BIS Working Papers,2004.

[82] Disney R,Gathergood J.Financial literacy and indebtedness:New evidence for UK consumers.The University of Nottingham,2011.

[83] Drehmann M,Borio C,Gambacorta L,Jimenez G,Trucharte C. Countercyclical capital buffers: Exploring options. BIS Working Paper,2010:317.

[84] Drehmann M, Juselius M. Do debt service costs affect macroeconomic and financial stability?. BIS Quarterly Review,2012.

[85] Dynan K, Edelberg W. The relationship between leverage and household spending behavior: Evidence from the 2007—2009 survey of consumer finances. Federal Reserve Bank of St. Louis Review,2013,95(5):425—448.

[86] Eggertsson G B,Krugman P.Debt,deleveraging,and the liquidity trap:A Fisher—Minsky—Koo approach.The Quarterly Journal of Economics,2012,127(3):1469—1513.

[87] Elekdag S A,Wu Y.Rapid credit growth:Boon or boom—bust?. IMF Working Papers,2011.

[88] Estrada Á,Garrote D,Valdeolivas E,et al.Household debt and uncertainty: Private consumption after the great Rercession. SSRN Electronic Journal,2014.

[89] Favilukis J Y, Ludvigson S C, Van Nieuwerburgh S. The macroeconomic effects of housing wealth, housing finance, and limited risk sharing in general equilibrium. Journal of Political Economy,2017,125(1):140—223.

［90］Fernández A，Rebucci A，Uribe M. Are capital controls countercyclical?. Journal of Monetary Economics，2015（76）：1—14.

［91］Ferri G，Simon P.Constrained consumer lending：Methods using the Survey of Consumer Finances. University of Bari，working paper，2002.

［92］Fisher I.Booms and depressions.Journal of the Royal Statistical Society，1932.

［93］Fisher I. The debt—deflation theory of great depressions. Econometrica，1933(1)：337—357.

［94］Garber G，Mian A R，Ponticelli J，et al. Household debt and recession in brazil.NBER Working Papers，2018.

［95］Gathergood J，Weber J. Financial literacy，present bias and alternative mortgage products.Journal of Banking and Finance，2017(78)：58—83.

［96］Gersl A，Hermanek J.Financial stability indicators：advantages and disadvantages of their use in the assessment of financial system stability. Occasional Publications—Chapters in Edited Volumes，2007：69—79.

［97］Gertler M，Kiyotaki N.Financial intermediation and credit policy in business cycle analysis. Handbook of Monetary Economics，2010(3)：547—599.

［98］Ghosh A R，Qureshi M S，Kim J I，Zalduendo J.Surges.Journal of International Economics，2014，92(2)：266—285.

［99］Gillitzer C，Prasad N. The effect of consumer sentiment on consumption.Reserve Bank of Australia，2016.

［100］Glick R，Lansing K J.Global household leverage，house prices，and consumption.FRBSF Economic Letter，2010：1—5.

[101] Gorton G,Ordoñez G.Good booms,bad booms.National Bureau of Economic Research,2016.

[102] Griffith R,Macartney G. Employment protection legislation, multinational firms,and innovation. Review of Economics and Statistics,2014,96(1):135—150.

[103] Guerrieri V,Lorenzoni G.Credit crises,precautionary savings, and the liquidity trap. The Quarterly Journal of Economics, 2017,132(3):1427—1467.